有信仰，才有温暖；有信仰，才有影响力。零距离贴近教师，我们一直在孜孜不倦地努力，对于教育，对于教育人，我们有着宗教般的虔诚情怀。多年以来，应该架起我们与你之间的怎样一座桥，让大家知道大家的心事，也知道彼此的方向，我们一直在寻找……

新教师：
让中国教育
因你而改变

雷振海 著

PROGRESSIVE TEACHERS
BE THE CHANGE YOU
WANT TO SEE IN EDUCATION

山东文艺出版社

序

《总编七日谈》是《中国教师报》在头版开辟的一个言论小专栏。创办这个专栏的初衷是把"办报定位于课改"说清楚，旗帜鲜明地表明媒体自己的教育主张，文章短小精悍，尽可能最小的篇幅，观点要犀利。后来，我出差到一线学校遇到一些教师、校长和教育行政部门的同志，他们说每期必看这个专栏，从中也能读出教育改革的信心，这样才坚定把这个专栏写下去。

十年磨一剑。十年前，在教育部党组的亲切关怀下，在当时分管中国教育报刊社的袁贵仁部长的亲切关怀下，报刊社党委决定创办一份面向全国教师的专业报纸。十年来，《中国教师报》的发行量从 5 万、10 万、23 万份，到今天的 48 万份，取得了显著成绩，赢得了教育行政部门和一线教师的广泛好评。

这些成绩，凝聚着众多关心中国教师报的同仁的心血与努力，凝聚着报刊社几任领导班子和全体职工改革创新的理念，也凝聚着中国教育报刊社原常务副社长、中国教师报前任总编辑刘堂江同志带领编辑部团队艰辛创业的智慧和汗水。

《中国教师报》从诞生的那一天起，就以"贴地行走"的理念赢得了一线教师的欢迎和喜爱。"为教师说话，让教师说话，说教师的话"，《中国教师报》以独特清新、生动活泼的风格吸引了一线教师的目光。

更重要的是，中国教师报意识到了基础教育课程改革对于中国教育和中国教师的重要性，她发现和推出了一系列课改的"草根典型"，以"星火燎原"之势影响着中国基础教育课程改革的进程。山东省茌平县杜郎口中学、安徽省铜陵市铜都双语学校……这些典型为处于困境中的中国教育改革提供了鲜活的基层经验，也为中国教师报提供了全新的办报思路——只有更加精准的定位、更加细化的目标、更加有效的服务，才能立于不败之地。

2010年，时任中国教育报刊社社长史习江同志代表组织找我谈话，让我兼任中国教师报总编辑。一方面我感到组织上对我的充分信任和支持，另一方面感到责任重大。在一个月的调研后，我们认为，《中国教师报》必须成为课堂教学的引领者、现代教育的倡导者；教育改变中国，教师引领希望，要想真正提高教师的能力与素质，必须给他们提供真正有效的药方；《中国教师报》应该更加积极地投身于教育的变革，从而唤醒教育者的道德自觉，引领教育者的成长。

教育要回归常识和原点，新闻也要回归常识和原点。全面改版后的《中国教师报》走进了更多一线教师的心灵，真正成为他们的"良师益友"，也得到了教育部领导的肯定和支持。2011年6月30日，教育部刘利民副部长来报刊社考察时，对《中国教师报》定位于课改充分肯定。他说，《中国教师报》办报时间不长，但发展很快，聚焦课堂，聚焦课改，真正为教师服务。

2013年2月16日，春节假期后第一个工作日，刘延东同志来到中国教育报刊社考察调研，在看到中国教师报与大唐电信共同推出的"教育通云平台"手机时，饶有兴趣，驻足观看。她指出，这是给教师的一份很好的礼物，教育信息化是实现教育现代化的一条捷径。

教育媒体是干什么的？中国教师报用自己的田野行动给出了回答——中国教师报不仅仅是一份报纸，更是纸媒、网站、会馆、课题、活动、培训"六位一体"的新媒体。而这个新媒体的灵魂，就是中国教师报提出的"四新"概念——"新教师、新课堂、新学校、新学生"。这正是我们努力和前行的方向。

教师兴，则教育兴；教育强，则国强。《中国教师报》诞生于新课改在中国刚刚启动，理想与现实交织、困惑与期待交锋、思想与行动都在转型的课改年代，她走过的十年，就是基础教育课程改革不断深化的十年。

中国教师报致力于发现典型，助推典型，用典型引领课改。中国教师报将课改学校的途径与方法总结为"高效课堂"，在基础教育界引起了很大反响。

中国教师报团队是一支有教育信仰的传媒铁军。她由18个平均年龄30岁的年轻人撑起大梁。敢于站在教育教学改革的前沿，视教育改革为自己的责任与使命，全力服务和促进中国教育的改革，梦想在前方，我们在路上。

非常感谢山东文艺出版社李宁社长和杨智同志为本书出版付出的辛勤指导和努力。

雷振海

2013年12月31日

目 录

1	让中国教育因你而改变
3	报中刊：让传媒飞
5	打造一支传媒铁军
7	新春寄语
9	过一种普通而幸福的教育生活
11	教师培训应锁定"常识"
13	不妨多从"原点"反思办学
15	教育才是最大的民生
17	寻找"陶行知"
19	减负不应该成为难题
21	教育的希望在课堂
23	把课堂还给学生
25	新教师应该是幸福的教师
27	新课堂与新学校
29	时代呼唤新教师
31	五四精神与课改
33	创新才会有水平
35	回到课堂上实施育人
38	媒体的使命与选择
40	每天都是儿童节
42	高考问题不在高考本身

44	课堂不该让学生难受
46	使美好的理想变成现实
48	红色教育的"魂魄"
50	以人为本不是一句口号
52	我们需要什么样的暑假培训
54	行走在课改路上
56	活出全新的自己
58	每一天都是教师节
60	答案就在脚下
62	警惕教师培训的"马太效应"
64	倾听基层教育的声音
66	向"史上最牛校长"学习
68	学校应该更有"文化"
70	带领孩子去寻找真理
72	学校精神的力量
74	德育,从生活出发
76	学校的文化自觉
78	中国教育的自信力
80	文化建设要有耐心
82	专业标准与教师专业成长
84	德育的"融入"智慧
86	做价值体系建设的主力军
88	新年新课堂
90	创新,永恒的话题
92	课改:孩子快乐成长的抓手
94	基础教育的新开始

96	"减负"，从自己做起
98	关注教育的起点公平
100	雷锋精神，永不褪色
102	走好改革每一步
104	公平正义比太阳还要有光辉
106	珍爱每一个生命
108	提升学生的思维能力
110	回归孔子的教师身份
112	追求生命的绿色
114	教育局长的责任
116	以课改实现教育均衡
118	怀念五四
120	师道改变世道
122	师德凝聚人心
124	回到纯真年代
126	走入"后高考时代"
128	教师的灵魂
130	是楷模也是新教师
132	素质教育的山东之路
134	用青春书写精彩
136	校长是一种职业
138	课改中国行：让教师更有力量
140	让教育的美延续
142	教师先得教好书
144	督导，以学生为本
146	尊重生命

148　教育，你幸福吗
150　十年，再出发
152　十年，新起点
154　十年，大跨越
156　教育的春天来了
158　立人先立德
160　做改革创新的探索者
162　素质教育，让人民满意
164　教师的素质
166　学生要减负　教师要松绑
168　体质不强，谈何栋梁
170　改革推动教育发展
172　有一种感动叫师德
174　需要怀念，更需要深思
176　期待校长早日"专业化"
178　别忘了家长也需要减负
180　中国梦　立德梦
182　少年梦托起中国梦
184　减负，责任在谁
186　灾难，让我们学会尊重生命
188　青春梦·中国梦
190　用好"4%"
192　教育现代化需要教师现代化
194　为农村考生提供更多选择
196　性安全教育，刻不容缓
198　打破教师铁饭碗的背后

200	教育，抚平焦虑的良药
202	"减负"，家长也有份儿
204	热培训背后的冷思考
206	让更多人看到减负的可实现性
208	让更多的孩子有梦
210	减负与作业
212	校长专业化　需要培训专业化
214	减负，为教育松绑
216	全民教育与精英教育
218	教师资格进入"国考"时代
220	改革先改观念
222	打响农村教育攻坚战
224	"师严"然后道尊
226	评价的瓶颈必须突破

总编七日谈

让中国教育因你而改变

在这岁末年初，携着梦想与祝福，今天与你见面的《中国教师报》，已经走到了第九个年头。面向新生的太阳，我们要和你一起追逐梦想——让我们的孩子笑得更灿烂，让我们的教育改革再前行，让我们变得更有力。

有信仰，才有温暖；有信仰，才有影响力。零距离贴近教师，我们一直在孜孜不倦地努力，对于教育，对于教育人，我们有着宗教般的虔诚情怀。多年以来，应该架起我们与你之间的怎样一座桥，让大家知道大家的心事，也知道彼此的方向，我们一直在寻找。

到了今天，我们坚信，唯有课改，才能把我们的心灵与你的心灵联系到一起，并烙下我们共同的印记，再深深地种植在我们的灵魂里。我们期待着，有更多的教育人，把个人的教育生涯与教育改革的嬗变、民族的复兴融合在一起。这是个人的幸运，更是百姓的福祉。

改变，首先从我们开始。2011年，《中国教师报》全新改版，着力打造新闻报道，重磅推出六大周刊，以"报中刊，刊中报"的崭新风骨，让"新闻杂志化"、"内容专业化"、"服务精准化"、"风格独特化"。

全新内容，全新格局，面向最广泛的读者，我们精心酿造出"营养套餐"——《区域教育周刊》、《现代课堂周刊》、《幼儿教育周刊》、

《教育家周刊》、《民办教育周刊》、《教师生活周刊》，不同的读者，不同的口味，我们都有了不同的准备，相信总有"一刊"适合你。

我们深知，世上难有永恒，你正在翻阅的这张报纸，终会发黄变旧，清晰的文字终将模糊……但在追寻教育真理的路上，我们始终和你在一起，一同见证改革的艰辛，体验成功的喜悦，品味掌声背后的辛劳……我们将在"责任"和"专业"的指引下，在我们共有的精神家园里，贡献出我们的全部智慧、情感和心血，精耕细作，让你在课改的路上走得更有信心。

而这一切，都源于我们有一颗感恩的心。"始终感恩读者，我们将一直用心。"这句话的分量甚至比我们的生命还要重，因为它就是我们的情感，我们的伦理，我们理应担当之事。

我们将努力讲述更多的课改人的故事，说他们的话，让他们说话……我们从不讳言自己的立场和态度，毫不掩饰对固守陈规者的愤怒和叹息，毫不掩饰对课改"破冰者"、"实践者"和"助推者"的热爱和欣喜。但我们坚持理性的、冷静的思考，客观、公正地记录"新课堂"里发生的一切。

我们还将不遗余力地寻找"新教师"，因为我们深知：教师强，则教育强；教育兴，则国家兴。这是我们的媒体良知。

在未来的日子里，我们期待能够赋予中国教育以独特的魅力，让中国教育因你而改变：每一天都能感知变革，每一步都有前进的喜悦。我们更加相信，这个时代将是中国教育最好的时代，让我们一同期待。

（载《中国教师报》2011年1月5日）

总编七日谈

报中刊：让传媒飞

如果传媒的"传"过分侧重于"传统"的"传"，那么传媒则有可能"传"不动，一旦传媒的"传播"功能卡壳了，则意味着传媒的噩耗不再遥远。所以，媒体人才喜欢说读者是上帝。如果说"传"是媒体的生命，那发行量就是媒体翅膀上的风，而办报，则是为数字"风"餐露宿、寻死觅活。媒体生存的艰难，意味着媒体人生活的艰难，媒体的核心竞争，意味着媒体风格的竞争。那么，做什么样的媒体人，培植怎样的媒体动力，才能让传媒飞起来遍地开花，则成为对媒体人的一大考验。

《中国教师报》同样是一份传统媒体，说她传统，一是她首先是一份纸质媒体，二是她所涉及的是关于"教育"这样一个最古老的话题。她传统的"传"是丢不掉的，要是真丢了也就没根了、"传"不动了。但如何推陈出新则是比把根留住更重要的一份传统媒体的风骨，或者说是"魂"之所系，没有风骨则挺不起腰杆，没了魂魄则没有根系。这时候，"报中刊"一下闯入了我们的视野。

报中刊，简单说来，她是吸纳了报与刊各自的优势和优点而形成的一个媒体新物种——"六大周刊"集束而成的"报中刊"成为《中国教师报》的媒体风骨，成为让《中国教师报》飞起来的关键，这个新物种撬动了《中国教师报》的整体变革，她体现了我们的办报思想、媒体追求和服务定位。

报中刊这个新物种其实是发轫于读者调研。《中国教师报》的服务对象当然是"教师"。教师是个特殊群体，教育的希望在教师，教师承载着国家的使命和儿童生命发展的期望。教师强则教育强，教师兴则国家兴，但教师群体的差异，又决定了教师的阅读口味和审美需求的差异。顾此失彼肯定是一种难堪的尴尬，而量体裁衣则又是很难逾越的挑战。读者到底需要什么样的《中国教师报》去引领生活乃至提升生命？或者说，什么样的《中国教师报》才能"让子弹飞"？

我们的报中刊，视野里瞄准"三个一"，即一期一主题、一月一诉求、一刊一风格。这个新物种，饱含着我们对教育的敬畏，涌动着我们对读者的感恩，但愿我们呕心沥血的这份媒体"套餐"能真正"反哺"和"营养"我们的读者。教育家办报，谋略家运筹，实干家干事。但愿我们的"报格"能够凸显出中国教师报人的"人格"。我们这份媒体最显著的特点是"互动性"，我们以为对读者的尊重，应该体现在对报中刊的参与，因为这份媒体有信仰——让中国教育因你而改变，而前提则考验着我们的报人：她是一个利益者，还是真正在为教育和教师着想？那么，打造一支干事创业、有教育信仰的传媒铁军就决定着我们能飞多高，能走多远！

让传媒飞！

——但愿能有一刊适合你。

（载《中国教师报》2011年1月12日）

总编七日谈

打造一支传媒铁军

人的因素是一切发展的关键。

当我们说有什么样的教师便有什么样的课堂时，那么对于传媒，是否也可以说，有什么样的媒体人便有什么样的媒体呢？

作为总编辑，我常常做这样的思索：我们该拿怎样的《中国教师报》来"营养"1000多万教师读者？这些可爱的读者朋友们，他们到底对《中国教师报》期许什么，又寄望什么？所以，我面前的"考题"既是关于"媒体与媒体人"的，更是关于"媒体与读者"的。

媒体一旦离开了读者的鼓励与支持，便顿成"孤家寡人"，久之就会失血而殁，这绝非危言耸听。因而传播"三最"——最先进的教育理念、最科学的教育教学方法、最前沿的教育思想，则成为我们永不止息的方向，尽管目前我们离"最"还很远，但我们在努力靠近，《中国教师报》每天都是新的，姑且算是一种"不自量"的自我挑战吧。

其实，我们一直都在挑战自己，我们想成为这样的"人"，一支干事创业、有教育信仰的传媒铁军。

所谓"铁军"，第一，应该有"铁"质，纪律严明，步调一致，三军用命，攻无不克，战无不胜，勇猛如虎，刚烈如火，个性鲜明，敢爱敢恨。第二，要学会"三用"——用心、用情、用智，须知凡事都是做出来的，而不是"坐"出来的，与其坐而论道，不如立马行动。第三，这支队伍必须有"力"——凝聚力、执行力、创造力，"体乏无力"往往是与"游兵散勇"、"乌合之众"相苟合的，这样的队伍只有不战而败。第四，这支铁军要成为"三家"——教育家办报、谋略家运筹、实干家做事，这是一种"专业"目标，更是一种境界和高度。第五，要有团队意识，聚力凝神敢于负责，对自己、对报纸、对教育认真负责。第六，树立教育信仰。教育是一份充满激情的事业，"天降大任"，今天的教育正处在一个急剧变革的时代，要打造媒体的"领导力"，则要求每个中国教师报人敢立潮头，责任在肩，正像我们的办报思想表述的那样：以新闻为龙头，以周刊为特色，创新"报中刊"新媒体概念，走专业办报和质量提升的路子，全力服务和促进中国教育的变革。

路漫漫其修远兮，在教育传媒界，《中国教师报》还很幼稚，她只是一名年仅八岁的小学生。好在我们没忘记成长。好在，我们终究有了自己的"气质"！

（载《中国教师报》2011年1月19日）

总编七日谈
新春寄语

新的一年来了，又到了盘点和收获的时候。作为传媒人，我们能奉献的是什么呢？我想，改版是献给读者最好的"新春礼物"。

古语曰："苟日新，日日新，又日新。""新"是媒体人最大的特质，也是我们不敢懈怠努力奋斗的动力。不甘于固有范式的束缚，不甘于传统观念的左右，我们奋力突围。新媒体——"报中刊"诞生了，新套餐——"六大周刊"开始了。在心血和智慧的浇灌下，改版后的《中国教师报》以崭新的面貌来到了大家面前。

感动因你的支持而萌生，尽管改版仅仅三期，但老师们的肯定和支持让我们更加坚定了"新"的选择和"改"的决心。我们从没有像今天这样坚信，只有创新，只有改变，只有用全新的媒体，才能为每一位教师打造一种全新的生活。

我们不愿教师依然过着清贫艰苦的生活，我们不愿教师一年到头只围着分数打转，我们不愿教师为了职称疲于奔命，我们不愿教师对生活失去信心，对教育失去热情。当我们提出教育要回到原点时，教师的生活更要回到原点。教师的生活本应简单而丰富，教师的世界本应清澈而透明，教师的人生本应温暖而有意义。

我们期待能做些什么。尽管我们不能增加教师的收入，不能改变应试教育的大环境,但我们用键盘敲出的每一段文字,用心编辑的每一个版面,精心策划的每一个周刊,都能让教师产生共鸣,感到舒心,感到畅快。它为每一位教师打开通向理想的天窗,插上飞翔的翅膀。这是基于人的天性而出发的一种媒体信仰!

一刊一世界,一刊一风格,六大周刊,我们不仅关注教育改革与发展,教育公平和均衡,也关注每一位教师的专业成长,关注每一位教师的生活质量。从细微做起,从点滴做起,从你我做起,让教育因你我而改变。

新的一年到了,无论你是在偏远的村小,还是在喧嚣的城市,无论你是在雪花飘落的北疆,还是在四季如春的南海,都让我们重新出发,从明天起,做一个幸福的人,面朝大海,春暖花开。

(载《中国教师报》2011年1月26日)

<u>总编七日谈</u>

过一种普通而幸福的教育生活

再过几天，就是新学期的开学。教师们又要重新投入到紧张而忙碌的工作中去了。每逢这个时候，我都在想，除了备课教书和处理那些没完没了的班级事务，教师们能否还有心情拥有另一种生活呢？

当教师是高尚的，也是辛苦的。"教师的手里掌握着未来"，这句话要表达的显然是教师之于学生生命成长的重要，它的潜在意思或许是说，唯有有幸福感的教师才可能培养出幸福的学生，但如果教师的生活总是被疲惫、压抑、挫折、沮丧所占据，那教师还能教出幸福的学生吗？教师什么时候才可以精力充沛、信心十足、情绪饱满、活力四射？什么样的老师育什么样的人，教师的职责是育人，如果不注重教师的生活和精神状态，教育首先是没对学生负责，或者至少是残缺不全的。

但如果我们一味要求、命令教师要超越现实生活"强颜欢笑"，则无疑又是不人道的。长期以来，在旧的教育思想影响下，社会对教师缺乏真正的理解和尊重，在很多人看来，一个人选择了当教师，就意味着无休无止的奉献和牺牲。教师当然需要具有"化作春泥更护花"的高尚品格，但作为一个"普通人"，教师当然也应该享有普通的生活，经历普通人情感中的喜怒哀乐。这样的喜怒哀乐才能构成教师"完整"的生活，离开了这样普通的生活，教师的生命岂能完整无缺？或许有人会质疑，说教师是一个"特殊"的职业，这句话没错，教师职业的特殊，就特殊在教师每天首先要面对的是"人"，其次才是那些知识符号。育人第一、教书第二，一旦忽视了育人而只谈教书，那教育无法称为"人学"。

时代呼唤新教师，这是《中国教师报》对全国教师朋友的寄望。

"新教师是一个梦想"，在我们提出"新教师"这个词汇的背后，其实我们是多么渴望教师们能找到原本属于自己的幸福！新教师一定是一个幸福的教师！这样的新教师，他首先是一个对自己负责的人，他主张师生相长、共同发展；其次，他应该是一个情感丰富、热爱生活的人，他有时会纤细而婉约，偶尔也能粗犷而豪放；再次，他会视教育为信仰，他不仅对他的学生，乃至于对整个人类负责。教育是"为一个尚未出现的社会培养公民"，教师如果没有这样的"大局观"，只做一个"功利"的人，那教育永远不可能走远！这当然是一个远大的目标，可对于当下，我们该做的只是尽量多一点幸福，教师多一点幸福，教育便多一点曙光。

（载《中国教师报》2011年2月2日）

总编七日谈
教师培训应锁定"常识"

  开学了,又到了培训的黄金季节。与以往不同的是,一项"史上最权威"、影响力和规模都堪称空前的名之曰"国培计划"的教师专业培训已在全国各地展开,以政府的名义推进培训,足可见教师专业化之于教育的重要性。

  教师队伍的建设的确是一件大事,教师当然需要强化培训,就拿本次"国培计划"来说,培训的目的很明确:借此提升教育教学质量,全面推进素质教育的进程,办人民满意的教育。但教育的问题很复杂,因此窃以为比培训本身更重要的是,我们必须找准实现上述目标的路径,而不是单纯地把教师们圈起来,听这样那样的"专家"云山雾罩地"大话西游",到头来不仅难以实现培训的目标,反而客观地给受训教师平添了不少的负担。这样谈似乎不合时宜,姑且算是未雨绸缪,说出个人不成熟的想法吧。

  教师需要专业发展,但我们必须清楚,发展教师的专业化本意未必是把所有教师都培养成"能说会道"、善于表演的"大师",而一定是借此提升和强化教育教学的境界和技能。长期以来,教育教学的问题比较集中在学生"主体地位"的严重缺失和因过分关注知识灌输而导致的学生学习环境、生存状态的"恶化"上,如果我们不能锁定或者聚焦这样的现实问题以寻求解决方案，而过多定位在一些"宏大"的主题和理念层面上，则培训依然会让人觉得"不解渴"。

那么，回到一些具体问题上来，做"力行"的培训，而不是一味谈论理念。说穿了，其实就是围绕教师的教育教学生活展开，让教师们重新理解和深刻认识那些朴素的、常识性的教育教学概念。比如在学生的成长中教师到底应该扮演什么样的"角色"？他是一切知识的源头和真理的化身吗？他需要无时无刻辛苦地充当"二传手"吗？他是学生成长和教育结果的绝对"决定者"吗？他需要"减负"吗？教师这个职业需要建构怎样的教育观、教学观、学生观？他如何确保学生的主体地位，处理好主体与主导的关系？乃至于要让教师们明确——什么样的课才是好课，什么样的教师才是好教师！

这些年，《中国教师报》围绕着新课改的"六字箴言"——自主、合作、探究，一直致力于立足解决问题的行动研究，在不断的实践探索中，我们总结出课改的"四步法"：第一步理念变观念；第二步观念变方法；第三步方法变文化；第四步文化变信仰。教育是一种情怀，更是一种高尚的信仰。教师培训是一个系统工程，既要突出其科学性、缜密性，又要体现出"人本"教育思想和实实在在的课堂效能，否则，愿望与现实之间、理念和操作之间会形成难以逾越的鸿沟。让培训回到常识就是解决"常识性"问题。

培训不是折腾，而应该把好事办好！我们有理由期待"国培"，并为之喝彩！

（载《中国教师报》2011年2月9日）

总编七日谈

不妨多从"原点"反思办学

学习了胡锦涛同志在十七届中共中央政治局第二十六次集体学习的重要讲话，收获良多。胡锦涛说，把促进学生健康成长作为学校一切工作的出发点和落脚点，注重培育学生的主动精神和创造性思维。这些都对我们提出了拷问：学校应该是什么样的？当初我们为什么要办学校，我们是准备把学校办成什么样的？

给孩子们一个读书的地方，让他们健康成长。如果回到原点，我相信我们"那时"的想法就是这般朴素和真实。这样的朴素和真实，在今天读出来、想一想，竟然会觉得别样的温暖和感动。可当"那时"变成了"现在"，一切都在发生巨变——想法一天天变成愿望，愿望又一点点变成一种关乎家国的沉甸甸的寄托时，那些越来越漂亮的学校还是"最初"的学校吗？

学生的成长离不开学校，因此学校"生态"决定了学生的"长势"和形状。老百姓俗语说"龙生龙凤生凤"，颇有几分道理。如果学校不超过一米五，正如马斯洛所说的那样，"在一个不超过一米五的房间里量身高，所有的人都不超过一米五"。我们得汲取"武大郎开店"式的教训，让所有的办学人都敬畏和遵从办学的一些基本"准则"，那么，首先我们得找到这样的准则，然后把这样的准则刻在每个人的骨头上，有时候，不"铭心刻骨"地强化还真起不到效果！

　　学校的准则是什么？还是回到"最初"上来回答。一"回来"，凡事都似乎变得简单了很多，你甚至也别以师长自居，那你告诉我现在应该怎样去做？

　　其实，无关什么样的学校、什么水平的教师，总之你是在与学生相处，你影响他，并且鼓励他习得一些基本的生活常识，至少能保证他知道保护和爱惜自己的生命。如果你想更优秀些，那你首先得亲近他，然后了解他的一些喜好或者口味，关心他的生活、身体、心理和精神状态，关心他的学业和品格；如果他的确有些问题，而你又不是太嫌弃他，更不愿意辱骂或者打击他，那你肯定会想尽办法帮助他；如果他身体孱弱、老是生病，你可能还会带他去看医生，或者煮几个鸡蛋、一碗面条……总之，这一些"人之常情"的做法有可能就是教育。而这样简单又简单的事情，还需要多高的学养和"专业化"？

　　没必要把教育解读得多么高深，教育原本就不复杂。当然前提仍然是你必须恪守教育的准则，说穿了就只一句话——把学生当人！

　　而能长成什么样，或者能长多高，实在是他自己的事情，但你得给他"预留"生长的空间、条件、希望和可能性，我说的"生态"就是这层意思，而回到最初，其实也是大师们说过的"教育即人学"！

（载《中国教师报》2011 年 2 月 16 日）

总编七日谈

教育才是最大的民生

强国先强教。关于教育与强国的话题,我们至少谈了一百年了。

"百年大计,教育为本","强国的希望在教育","少年强,则中国强","再苦不能苦孩子,再穷不能穷教育"……无数名言警句俯拾即是。在今天再谈论教育之于一个国家、民族的重要性,似乎显得很难被理解。

但教育诸多的问题就那么"现实"地炙烤着我们,纵然想回避都无处可躲。与老百姓休戚相关的众多利益相比较,教育实在比住房、医疗、就业、治安、环保等更加"民生",如果"一代人""倒"了,这个民族可能永远强不了、硬不来、没希望。教育的使命和庄严,正体现在育人的"成色"上,教育的责任感要求教育人必须成为献身这份事业的信仰者!

然而,我们不得不承认,教育的确是出了问题。比较一致的看法是,因过度重视知识教育而导致了一些恶果,教育的面目变得"狰狞",它因为远离"人本"而失却了光芒、诗意和温度。当今的教育已经越来越"不适应经济社会发展的要求,不适应国家对人才培养的要求"。人们不禁要问,教育到底怎么了?

唯有改革才有出路,"改难免出问题,但不改,注定死路一条",教育的有识之士们形成了这样的共识。然而,遗憾的是,一场以推进素质教育为旨归的"国家行动",二十年来,从来就没停止过种种的被刁难与被质疑!改革缘何如此步履维艰?

当然,教育的问题也应该属于发展中的问题,暴露出问题并不可怕,可怕的是我们常常因噎废食、讳疾忌医。

亡羊补牢未为晚矣,痛定思痛,教育必须"要解放思想,大胆突破,勇于创新,鼓励试验,对办学体制、教学内容、教育方法、评价制度等进行系统改革。坚持育人为本,大力推进素质教育。探索适应不同类型教育和人才成长的学校管理体制和办学模式,提高办学和人才培养水平。鼓励社会力量兴办教育,满足群众多样化的教育需求"。

教育说复杂,它是一项系统工程,说简单,教育即"人学",教育一旦回归到着眼于"育人",那么,距离全国教育工作会议和教育规划纲要所期望的目标,也就着实不远了。

关于2011年"两会"的教育话题,我的猜测它一定是基于"人"的,比如学生的生存质量、教师的职业幸福,基于人本的社会责任感和公民权益,等等,而这一切,都需要研究到达的"途径"……

(载《中国教师报》2011年2月25日)

总编七日谈
寻找"陶行知"

2011年是伟大的教育家陶行知诞辰120周年暨逝世65周年。65年前，国母宋庆龄称誉陶行知为"万世师表"。

今天，有数以万计的学校和更多的教师在学习陶行知，从他的思想里汲取智慧和灵感。陶行知的很多名言警句被中国千千万万所学校铭刻于墙壁，成为无数教师、校长的口头禅。可以说他是中国现代最有影响力的教育家，许多人甚至尊其为"陶夫子"。有学者提出，中国教育应该"回到"陶行知。

这些现象不是偶然的。只有真正切合中国教育需要的教育家，才能有如此的能量和感召力。

面对现在的教改，让我们重温陶行知的思想。

1917年陶行知回国，开始了他充满艰辛的教育生涯。他提出了"生活即教育"、"社会即学校"、"教学做合一"等教育理论。

在陶行知看来，"生活是教育的中心"。教育以"生活"为前提，不与实际生活相结合的教育就不是真正的教育。陶行知提出，"要解放孩子的头脑、双手、脚、空间、时间，使他们充分得到自由的生活，从自由的生活中得到真正的教育。"看看我们今天的教育，在很大程度上依然脱离生活，排斥学生的体验。这种"没有生活做中心的教育"不正是陶行知所说的"死教育"吗？

陶行知把生活教育当作改造中国教育的唯一出路。在陶行知看来，有了生活教育就能打破"死读书、读死书、读书死"的传统旧教育；有了生活教育，就能"随手抓来都是学问，都是本领"；接受了生活教育就能"增加自己的知识，增加自己的力量，增加自己的信仰"。我们的教育必须让学生从生活中增加知识、力量和信仰。

"教学做合一"是"实现生活教育之方法"。陶行知提出，教的方法要根据学的方法，学的方法要根据做的方法，"事怎样做就怎样学；怎样学就怎样教；怎样教就怎样训练教师"。关于教与学的关系，他一反传统过于重视教的观念，认为教师的"教"要从学生的"学"出发。"教的法子必须根于学的法子"，"先生的责任不在教，而在教学，而在教学生学"，"好的先生不是教书，不是教学生，乃是教学生学"。

这些思想和主张不仅和当前教改的理念完全一致，而且早了很多年。

陶行知的教育思想因扎根于中国的土地而焕发出旺盛的生命力，历久不衰，并在新时期显示出新的活力。

我们期待，在中国大地上，有更多陶行知式的校长和老师。让我们一起为中国教育寻找"陶行知"。

（载《中国教师报》2011年3月9日）

总编七日谈

减负不应该成为难题

我很不理解,在我们国家,学习是从什么时候开始变成负担的?当学习成为现实的负担之后,当然需要减负。问题是,减负是单纯的"减量"吗?如果我们每天只设一节课,学生们就能乐在其中了吗?还有,减负的主体是谁?今天的教师需要减负吗?

我们不能否认,今天的学生是不快乐的,或者说课堂学习是一种实实在在的痛苦。据此我们可以说,如果不能让课堂"化苦为乐",那么,仅仅通过减量有可能是治标不治本,无法实现根源性减负。如果你一定以为课堂学习原本就是苦的,那我只能说,这是对学生生命尊严的漠视,因为学生的生命正是由无数个 45 分钟组合而成的,课堂不快乐,便表明学生的生命质量不太高,说严重点,是缺少对生命的尊重和呵护。这样的教育自然不是"以人为本"。

很感动温家宝同志 2010 年到河北省兴隆县六道河中学听课说的那"三个好",其中第一个好就是"课堂学习氛围好",氛围好表明孩子们至少是不厌学的,是沉浸其中和乐在其中的。像六道河中学这样的农村学校是了不起的,不仅是因为他们受到了温家宝同志的表扬,更深层的意义恐怕在于他们解决了很多城市学校并未解决的问题,校长贾利民的秘诀就是课改。准确地说,他们推进了高效课堂,从尊重学生的学习权益和兴趣出发，让学生按照自己的方式去学，这样的学习自然就实现了从被动到主动的变化，像六道河中学这样的课堂学习还会是负担吗？

这些年，很多人还没有从根本上理解中国教师报推广的高效课堂是怎么一回事。严格来说，如果从字面上理解，是为了高效而高效的课堂那就错了。我们说，高效课堂是一个教育概念，它主张相信学生、解放学生、利用学生、发展学生，它是基于学生主体而建构的一个全新的教育教学概念，在教学关系上坚持"唯学"，在师生关系上坚持"唯生"。高效课堂如果用一句话概述，其实就是希望"让学习发生在学生身上"！这句话蕴含的教育意义体现在，首先是尊重学生个体的差异，允许不同的学生采用不同的学习方法，即自主地学；其次，重视和放大每个学生的自学体验；再次是培养和强化了合作意识和探究能力。高效课堂是完全符合新课改要求的，它甚至是新课改理念的力行和实化！高效课堂之所以能够被一线校长和教师广泛认同和接受，我想原因大概就在这里。

近年来，中国教师报发现和推出了杜郎口中学、兖州一中、昌乐二中等一批课改学校，我们希望基础教育界能够涌现出更多的"杜郎口"，而高效课堂扮演的正是"助产婆"这样的角色。到那时候，减负还应是话题和难题吗？

（载《中国教师报》2011年3月23日）

<u>总编七日谈</u>

教育的希望在课堂

几年来,《中国教师报》是以课改形象示人的,甚至有读者称我们为"中国课改报"。

之所以选择课改,原因不复杂,因为课堂是实施素质教育的主阵地,丢了"主阵地"就有可能就丢了教育的一切!我甚至越来越深刻地认识到,教育的问题或许就是课堂的问题,教育的问题必须回到课堂上去解决。

而课堂的决定者是教师!当教师决定着课堂的形态时,我们就只能去呼唤具有新思想和新理念的教师,这样的教师就是"新教师"。新教师总体数量的多少将决定着课改最终的成败。什么样的教师是新教师?记得我曾经讲过,新教师必须有"三观":树立教育即人学的教育观;一切的教服务于学的教学观;尊重学生、依靠学生、发展学生的学生观。用这样的"三观"来审视课堂,才能够判断什么样的课堂是"新课堂"。新课堂一定是学生自主的课堂,新课堂一定是张扬着人性的课堂,新课堂一定是能实现师生相长的课堂。有新教师才可以有新课堂!那么,当下教育面临的最大考验,其实就是我们的教师能不能、敢不敢向新教师和新角色转变,如果我们依然拒绝或者坚守旧课堂,口里却唱着"学生主体",那我们的教育就看不到希望。

值得庆幸的是，课改已成为教育人普遍的共识。有人说，改，难免出问题，但不改，注定是死路一条。这话听起来似乎耸人听闻，但却表明了我们教育人的气魄和决心，中国教育是前途光明的。这些年，我走访了许多课改学校，看到了课改带给教育的巨变。对于学校而言，我一向以为，做教育其实就是抓课堂，并且围绕着课堂来建构两个"新关系"，即以学评教的教学关系和以生为本的师生关系。新教师决定着新课堂，"新关系"决定着新学校乃至于新教育。

当然，教育并非越新越好，什么新，都必须是基于儿童的，都必须从发现儿童和发展儿童出发，都必须满足儿童的兴趣、爱好、天性，都必须变控制和囚禁为自然和自由，都必须让学习和成长变成"狂欢"，都必须是不以知识为目的，教育如果单纯为了知识传授，那无异于是在培养两条腿的书橱。

立足"三新"，这是《中国教师报》的办报目标，希望有越来越多的教育人关注这三个基本概念，让我们一起行动起来，做力行的教育，用行动去解读和阐释这三个概念，真正让中国教育因为我们的行动，而发生改变！

当我们说教育的希望在教师时，我很愿意说，教育的希望在课堂！

（载《中国教师报》2011年3月30日）

<u>总编七日谈</u>

把课堂还给学生

总有相熟的人问我,《中国教师报》为什么要定位在课改上?

我的回答往往是这样:再不改,教育危矣。我已经重复过很多遍我的基本观点了,教育的问题其实就是课堂的问题,或者说教育的问题必须回到课堂上来解决,离开了课堂,一切的教育改革都有可能犯了治标不治本的错误。不从"病根"上解决问题,教育很难有希望。

有人会这样质疑:课堂有那么重要吗?我的回答是:当然重要!不仅是因为课堂占据着学生生命中最重要的时间分量,而且还因为那些只重知识的课堂,有可能是对学生生命的不负责任。我总在想,我们这个民族到底需要什么样的人才?是今天端坐在教室里,听从指令、埋头试卷、两耳不闻窗外事的这些孩子吗?

也许这样说会被认为是耸人听闻,但课堂教学的现实是,除了知识教育外,我们并未能给予学生生命成长中所需要的其他东西,诸如求知欲、兴趣、实践动手能力、创造力……当教育一旦开始专门和儿童的天性作对时,这样的教育岂能是好教育?这样的教育是基于"人本"的吗?因此今天的教育人真的应该反思一下,我们的众多学校是在育人吗?如果不是,那我们办学是为了什么,我们为什么而办学?

回到育人上来,教育的前提首先是要研究"人",进而是"发现"

学生的需要，尊崇学生的发展。

按照这样的思想来审视传统的课堂教学，那么，发生在今天课堂上知识灌输、题海训练、无休无止的作业……是学生所需要的吗？这样的教学手段，是基于对学生生命成长的尊重吗？学生强记那么多的公式、定理、知识点，成为他们生命的养分了没有？我们是为了培养一批又一批的书呆子才办学的吗？学生们的内心世界是阳光健康的吗？当教育无视学生心灵的扭曲而变成一种强制时，学校还是"学生的学校"吗？

更何况，新课改理念里反复讲的是学生主体！

学生是主体！可我们太多的课堂里，扪心自问有学生主体的存在吗？学生主体地位得不到落实，是当今课堂教学最大的问题所在。如果我们不回避这个问题，那就必须解决"主体问题"。

怎么解决？那便是把课堂还给学生！难道还有疑问吗？

遗憾的是，至今仍然有很多人在反对课改，在坚守讲台，在拒绝把学习还给学生！课改的讽刺性在于，那些拒绝课改的人，却更喜欢把"学生主体"挂在口头上！

尊重学生主体，就应该少一点对学生的干涉，多一点对自主权益的维护；少一点对儿童的批评，多一点对错误的包容；少一点对知识的膜拜，多一点对能力的赞美；少一点规范和约束，多一点"放纵"和理解；少一点雕塑和塑造，多一点自然和自由！

（载《中国教师报》2011年4月6日）

总编七日谈
新教师应该是幸福的教师

教师缺少职业幸福感是一个很严峻的现实问题。

如果教师不幸福,就很难造就出幸福的学生。当我们说有什么样的教师就有什么样的课堂时,也可以说有什么样的教师就有什么样的学生。当教育无法让师生从中寻找到共同的幸福时,那教育一定是出问题了。因此我们才提出了课改,并且将课改上升到"国家意志"的高度。

温家宝同志说教育的希望在教师。显然,教师决定着这场课改行动的最终成败,教师不仅是课改的参与者,是推动课改的"主体"力量,他们更是发动了一场针对自身的"革命"。那么,对教师而言,课改之难,则很容易理解,又有谁轻易会乐意给自己"动刀"呢?更何况,每个人都或多或少地在传统课堂里浸泡过甚至沉醉过、收获过,与传统课堂的感情也远非能说了断就断得了的。即便是这样,我们依然要咬着牙选择改,就算不是为了那些在传统课堂里挣扎的孩子,不是为了民族的未来,而是为了让自己多一点幸福感。

改了,就变成了"新教师"。

新教师一定不是甘于传道授业解惑的人,一定不是以爱的名义侵占学生世界的人,一定不是一个单纯的自我牺牲的奉献者,一定不是因循守旧、忙于贩卖"二手知识"的人,一定不是一个时时处处"唯理论"

刻舟求剑的人，一定不是漠视学生课堂生命状态的人，一定不是眼睛里只有知识的人，一定不是总抱怨体制和机制的人。

新教师一定是一个埋头于课改和学生一起成长的人，一定是一个重视实践，从行动中寻找突破的人，一定是一个关注学生心灵的人，一定是一个尊重学生，以"生"为本的人，一定是一个新课堂的建设者，一定是一个敢于完成"自我进化"的人，一定是一个有教育信仰、幸福的人。

教育的希望只能在新教师，而一定不在"旧"教师。

唯有新教师才会有新课堂。

而新课堂是什么样的呢？

还是需要回到新课改理念里去寻找。

新课堂首先应该是学生自主的课堂；其次应该是情感的课堂，新教师有责任和义务让每个学生在学习中收获快乐；再次是师生相长的课堂，新教师必须能够与学生一起成长。

有了新课堂，那么，我们就会有更多的新学校。新教师、新课堂、新学校，有了这样的"三个新"，我们就会有新学生。没有新学生哪里会有新人类呢？

（载《中国教师报》2011年4月13日）

总编七日谈

新课堂与新学校

对于教师而言，其主要的生活方式就是上课。教师是课堂的生产者，因而也决定了课堂的品质甚至掌握着学生的"命运"。

正是因为教师起着这样的关键作用，中国教师报才一直呼吁课改，呼吁教师们要敢于"变身"成为一名出色的新教师。唯有新教师才会有新课堂，当学校解决了课堂问题，才有可能变身为"新学校"。

那么，什么样的课堂才是新课堂呢？新课堂和旧课堂又有什么不同？为什么中国教师报一定要知难而上，选择全力推进课堂教学的这场变革？

基于中国教师报这几年的课改实践，我认为新课堂首先是学生的课堂，所谓学生的课堂即发挥了学生主体性的课堂，是自主学习的课堂，这里的自主学习可以简称为"自学"。其次，新课堂必须是情感的课堂，即要体现出学习的狂欢。也许很多人有疑虑，以为学习原本就是一份"苦差事"，殊不知，当课堂开始从尊重学生出发，"按照学生的方式"，放手让他们去体验和合作时，学习就开始变被动接受为主动探究了，一旦完成了这个转变，学习还会是苦差事吗？做自己爱做的事难道不是一种幸福吗？再次，新课堂应该是师生相长的课堂。在这样的课堂上，教师可以是奉献者，但不再是一个单纯的牺牲者。新课改理念说"平等中的首席"，很多人至今很困惑，其实这句话很好地诠释了教师的角色。老师们要理解新教师这个"新词"，懂得在课堂上如何实现自我发展的需要。我们说新教师在新课堂上是班级里的第51名同学，其实就是引领教师作为"学长"去寻求自身的突破，在师生合作的过程中，通过"兵教官、官练兵"的互助方式，彼此激发，相互促进，共同提高。

而实现新课堂的前提是教师必须有意识地抑制自己的讲授，真正把课堂学习的权利还给学生！一个不推动"自学"的教师一定不是新教师。相反，假如只是一味展示自己所谓的"教学艺术"，即便多么"能说会道"，都不可能成为新教师，当然也不可能是一名合格的好教师。因为替代、包办了学生的学，乃至于剥夺了学生的主体地位，与新课改理念背道而驰，好教师一定是捍卫学生自学的教师！

如果每一所学校都能从学生主体出发，以此来审视课堂上的问题，并且高度弘扬"学生主体"，课改显然不会这么举步维艰。或许有人质疑教师不讲学生能会吗？现在的学生不会学肯定是事实，值得研究，可我们的课堂从来不重视学习能力的培养也是事实呀，学习能力不是空穴来风，不鼓励学生去学，什么时候都有可能不会学。更何况，因为学生不会学就理直气壮地"霸占"课堂，显然是不太讲道理的。

呼唤新课堂，其实就是期待中国的大地上能崛起一批"新学校"，而不是靠挖名师、抢生源、"时间 + 汗水"等手段成就的一批所谓的"名校"，有这样的名校存在，是教育的大不幸。新学校未必有多么大的名气，但一定是肩负责任、胸怀国家、利于学生、呵护教师的学校！

没有新教师怎么会有新学校？没有新学校，哪里来的新希望？

（载《中国教师报》2011年4月20日）

总编七日谈
时代呼唤新教师

教师是干什么的？

认真学习胡锦涛同志清华大学百年校庆的重要讲话精神，我们很容易从中找到答案。

胡锦涛同志说，广大青年学生要把文化知识学习和思想品德修养紧密结合起来，把创新思维和社会实践紧密结合起来，把全面发展和个性发展紧密结合起来，健康成长、报国成才。总书记的讲话进一步明确了我们的教育目标，回答了关于育什么样的人的问题——学校要培养什么样的人。我们姑且把胡锦涛同志希望的那样的学生称为"新学生"。

造就胡锦涛同志希望的学生，关键在于我们拥有怎样的教师？

我们需要什么样的教师呢？

胡锦涛同志说："广大高校教师和教育工作者要切实肩负起立德树人、教书育人的光荣职责，以高尚师德、人格魅力、学识风范教育感染学生，做学生健康成长的指导者和引路人。"我们同样可以把胡锦涛同志希望的教师称为"新教师"！

新学生与新教师。胡锦涛同志给了我们一个十分清晰的思路。

时代呼唤新教师。

早在 2011 年 7 月 13 日全国教育工作会议和 2012 年 2 月 21 日中央

政治局第二十六次集体学习讲话的精神里，胡锦涛同志就已经对我们教育提出了这样的期望，新教师一定是从改革中走出来的。

正是从胡锦涛同志的讲话里，我们领悟到他对教育殷切的期望，中国教师报正是围绕着胡锦涛同志的期望，策划和推出了一系列选题。我们首先提出"新教师"这个概念，然后又由"新教师"扩展到"新课堂"、"新学校"，进而抵达"新学生"。

今天，学习胡锦涛同志在清华大学建校一百周年大会上的讲话，又使我们获取了新的动力，明确了办报的努力方向。我们认为，媒体必须要对国家的命运和人民的生活负起应有的责任。我们的使命就是为中国教育的改革营造氛围，鼓呼呐喊，并且努力去培植、发现、推广典型经验。袁贵仁部长说，教育已经步入了改革深水区，那么，深水区的教育更加需要有新的教育思想做指导，而这样的新思想无疑将需要教师们去实践和验证。所以，教师必须是一个新思想的行动者，而不是因循守旧、故步自封、拒绝改革的人，教师唯有"面向未来"，敢于超越自己，才能适合新时期的新任务、新要求。

教育大计，教师为本，正如胡锦涛同志所说的，"广大教师和教育工作者是推动教育事业科学发展的生力军"，教师如果不敢于改革、勇于改革，如何能培养出胡锦涛同志期望的"民族的希望、国家的未来"？

教师理应成为这场伟大的教育改革的"主体"！

（载《中国教师报》2011年4月27日）

总编七日谈

五四精神与课改

今天是五四运动九十二周年纪念日。

遥想那个刻在历史上的日子，那一场被青春煮沸，被理想召唤，被思想漂洗的属于"青年"的伟大壮举，总让人禁不住热血沸腾，内心盈满了感动。

"五四"是一种"青年精神"。

青年本应是时代的"最强音"。

什么是青年精神？

如果说"五四"的核心是"爱国"、"进步"、"民主"、"科学"，那么，"青年精神"则体现在革命到底、穷究真理、敢于牺牲、永不妥协上。今天，我们纪念五四运动，其实是在呼唤这种久违的精神，以此来聚集力量和激情，让广大青年敢于承担国家兴亡、民族振兴的使命感和责任感。

作为一项"国家"行动，课改之于一个民族的发展同样具有重大意义。我们说，有什么样的课堂便有什么样的教育，有什么样的教育便有什么样的国家。决定着国家未来的竟然是在很多人看来微不足道的课堂！也没什么难以理解的，因为教育的问题说穿了就是课堂问题，而解决教育的问题必须回归到课堂上来，因此说"课堂决定国家"绝非危言耸听，其中蕴含着深刻的道理。

中国教师报的基本读者是青年教师。青年教师寄托着中国教育的未来。当课改成为这个时代必然的选择时，青年教师们该怎样去做？因此，纪念"五四"，便是寻找一种力量，便是捍卫一种信念，便是承担一种责任，便是"像五四青年那样"——砸烂"旧课堂"，迎接一个"以人为本"的教育新时代的来临！

当然，课改不仅考验着青年教师的勇气，也考验着高度和境界。我们说青年教师不仅要敢于发扬"青年精神"，更要将这种精神落实在课改之中，摆脱理念和经验的束缚，找到实现教育变革的途径和方法，用行动去解读这种精神。

当前，由中国教师报所倡议发起、推广的高效课堂已风起云涌，广大青年教师能积极响应并且自觉参与进来，可喜可贺，青年教师发挥着课改生力军的作用，业已成为课改的"最强音"。然而，却也有另外一部分青年教师，暮气沉沉、踯躅不前甚至大唱反调，这样的"青年"是应该深刻反省自己的。"教师的手里握着未来"，一旦青年背叛了理想，背叛了使命，背叛了青春，也便背叛了人格和信仰，也便远离了"五四青年精神"。

"革命到底、穷究真理、敢于牺牲、永不妥协"，让我们再一次重温"五四青年精神"，誓将课改进行到底！如果每一位青年教师都敢于向传统的旧课堂宣战，并且身体力行，去穷究课堂之真理，那么课改则不会是件太过艰难的事，我们有理由期待中国的教育将会发生一场天翻地覆的"质变"。

但愿课改能成为中国教师报和每一位青年读者朋友共同的精神追求。

（载《中国教师报》2011年5月4日）

总编七日谈

创新才会有水平

每次学胡锦涛同志的讲话精神，我都抑制不住地激动，我们期盼了许久的教育的春天真的要来了。

胡锦涛同志在庆祝清华大学建校一百周年大会上的讲话中指出"必须大力提升人才培养水平"，可以说一语中的，直指目前学校在人才培养上的弊端，也给我们教育工作者提出了明确而具体的要求。可长期以来，我们并未觉察到人才培养的水平有问题，有些时候甚至还很自娱自乐、自以为是。胡锦涛同志要求我们提升什么样的"水平"，才能满足人才的需要？

成才先成人，相信这个观念很多人都能接受。然而，我们的很多学校却并不注重"人"的成长，当下中国学生体质状况堪忧，近视眼发病率已经跃居到世界"领先"了，个中原因很复杂，但一个不可否认的现实是，这与我们不太重视学生的"身体教育"有关。如果一所学校不能让学生"文明其精神、野蛮其体魄"，未出校门就病怏怏的，哪里还能谈"人才"呢？"教育：从身体出发"，中国教师报正是源于有着这样的思考，我们才策划了这个选题。

成才需要成才的环境。可我们的很多学校太习惯于把教育理解成控制、批评、打压、威逼、强迫……哪一种手段是符合学生身心特点的，是学生自身发展需要的，是以人为本的？"好学校是一方池塘"，正是基于有太多的人把学校办成了"兵营"，有太多的学校依然恪守着机械、刻板、训练那一套古老传统的"手段"，我们才策划了这个选题，并希望学校要敢于放手，"让学生自然生长"。因为"旧教育"早就证明，除了能培养几个"高考状元"，我们是培养不出那种富有社会责任感、创新精神和创造能力的人才的。学校如果不创新，岂能培养出创新人才？

成才需要咬定办学目标。我们为什么而办学？学校要培养什么样的人才？党的教育方针明确指出，要坚持育人为本、德育为先、能力为重、全面发展的素质教育培养方向。可我们有太多的学校偏离了这样的方向，是在以知识为本、教师中心、升学为一切的"理念"下育人的，这样的教育是育人还是在"毁人"，不言自明。正是在这样的背景下，中国教师报才提出了"新教师"、"新课堂"、"新学校"和"新学生"的概念。新学校其实并不新，但对目前被传统功利教育思想统领着的学校而言，却又是全新的。有时候教育向"人性"的回归便是新学校重新起航的开始。

胡锦涛同志所期望我们提升的"水平"，说穿了便是要遵循人之成长的基本规律，让教育回到常识上来，即尊重学生的主体性，解放学生的创造性，激发学生对学习和生活的兴趣。可这些，在今天，仍不失为一种创新。没有创新的气魄和胆识，就不会有"人才培养水平"的提升！

（载《中国教师报》2011年5月11日）

总编七日谈

回到课堂上实施育人

胡锦涛同志在庆祝清华大学百年校庆的讲话中,对当代青年学生提出殷切期望,希望当代青年要把文化知识学习和思想品德修养紧密结合起来,把创新思维和社会实践紧密结合起来,把全面发展和个性发展紧密结合起来。胡锦涛同志提出的"三结合"是对当代教育育人模式和青年学生成长道路的科学概括,为学校教育的发展指明了正确方向和前进道路。

育人的主阵地在课堂。可长期以来,我们的课堂并未做到"三结合"。我们奉行的是知识本位的教育,实施的是对学生的严管控制,依据的是标准答案,信奉的是灌输和强化训练,追求的是分数至上,培养的是听话的孩子,比的是能升上几个清华北大……

我们不准许学生自主,甚至不包容质疑,一切服务于教学的预设,哪里会有思维?我们基于"安全"考虑,连上个体育课都羞羞答答,唯恐学生磕着碰着,至于春游、拉练什么的,早就擅自取消了,学生足不出户,又哪里会有社会实践的机会?我们总是想尽办法去规范和约束学生的行为,甚至死板地规定学生每一分钟都必须干什么,孩子们埋头于题海,执着于"一模"、"二模"、"三模",作业写到深夜,又哪里有时间发展个性,兼顾兴趣?

教育再不改,注定是步入死胡同的。可是改,如何改?

这些年，我们发现了杜郎口中学，并且密切关注杜郎口中学的发展。当然杜郎口并非是完美的教育，但它至少给予了我们启迪。杜郎口中学的启发性在于，育人必须回到课堂上，用改变课堂来落实胡锦涛同志要求的"三结合"。杜郎口中学是如何实施"三结合"的呢？那就是把学习和成长的权利交付学生，让学生自主和做主，动起来，从而发挥学生的自主性、主动性、创造性。杜郎口"动起来"的课堂，有人这样概括：每节课都是体育课，每节课还都是书法课、演讲课、交际课、合作课、实践课、生活课……你延伸开去吧，素质教育需要的一切"素质"，在杜郎口的课堂上都可以找到。这样的课堂倾其所有地培养学生的素质，这样的教育难道不是素质教育？

可总有人对杜郎口不屑一顾，原因听起来很可笑，因为杜郎口中学是乡镇学校，曾经濒临倒闭，向这样的学校学习岂不是很掉价？

我们有各方面条件都强过杜郎口的学校，可我们却不愿意像杜郎口那样去寻求改革。因为我们不需要改，更何况改革本身是一件需要付出巨大努力而且很冒风险的事，我们尚能"坐"得住，我们还没认识到改革是一种使命，是时代的要求，是教育人必须具有的良知和本分，是不得不作出的正确选择。

有人或许质疑说，教育的问题不仅仅是课堂的问题。这个观点看起来很在理，可殊不知，教育的问题必须回到课堂上才能解决。课堂是教育的原点，也是教育的根本归宿。回到课堂上，就是回到"人"之本身，回到尊重学生的天性和权益上，回到从学情出发的认知规律上，回到兴趣和需要上，回到体验和动手上，回到生活和情感上。

当一切的教育内容与学生的生命和情感发生关联时，教育便立马活起来了，仿佛鱼游大海、鸟飞山林。当一切的课堂开始交还给学生时，教育便能随机发生质变，也便能完成知识与情感、能力、智慧的对接，也便能达到"三结合"境界，也便完成了育人的要求。这样的教育才真正无愧于人民、无愧于时代、无愧于未来！

老师们，让我们一起回到课堂上，尝试着把课堂还给学生。

须记住：学习和成长是学生的权利。

（载《中国教师报》2011年5月18日）

总编七日谈
媒体的使命与选择

一个时期以来，党和国家领导人先后不约而同地都谈到教育甚至是教学问题。

教育是最大的民生，党和国家领导人每天日理万机，可如此具体地谈及"微观"的教学问题，则不能不令人感动和深思。除了表明我们的领导关心教育之外，是不是也说明我们的教育教学的确是出了问题，要不然不会引起如此重要的关注。

教育到底出了什么问题？胡锦涛同志在庆祝清华大学百年校庆的重要讲话中强调指出：教育"必须大力服务经济社会发展"。胡锦涛同志的讲话可以说为教育摆正了位置，为今后新时期我国教育的发展提出了具体的要求，这是新时期的"教育科学发展观"，社会主义现代化建设必须依靠教育，教育要为社会主义现代化建设服务。胡锦涛同志的教育科学发展观，其实不仅为教育的发展指明了方向，也给我们教育媒体指明了今后的办报方向。当前的教育正处于一个转型时期，教育媒体的作用是什么？这个问题值得我们媒体人去思考。

温家宝同志曾经寄语教育人："必须树立先进的教育理念，敢于冲破传统观念的束缚，在办学体制、教学内容、教育方法、评价方式等方面进行大胆地探索和改革。"那么，作为传播教育教学新思想、新理念、新方法的教育媒体，如果仅仅是定位在"喉舌"作用上去发现和宣传改革的典型，我们依然认为显得保守和传统。面对新时期的新任务，媒体必须超越自身，去承担更大的责任和义务，以新媒体的姿态，助推乃至于引领教育的发展变革，这将是摆在媒体面前的一项巨大的挑战。"变"是今后教育媒体不二的选择，这里的"变"既包括转变媒体自身的定位，更主要的是指转变媒体的职能，如果媒体不能在这场伟大的教育变革中发挥出巨大的引领作用，那么，媒体的价值将大打折扣，甚至会因为边缘化而被淘汰出局。这不是耸人听闻，而是在胡锦涛同志的教育科学发展观下，媒体应该寻求的新出路和必然做出的新选择。

媒体必须敢于打破固守"传统"的桎梏，坚定地"与时俱进"，选择与教育变革站在一起，而不单单是鼓与呼。这些年，尤其是近一年来，《中国教师报》办报的方向愈加明确，那就是始终锁定如火如荼的课改前沿，与广大一线课改人在一起，聚焦课改、助推课改、服务课改。在我们看来，选择了课改，就选择了一份责任；助推课改，就张扬了媒体的本分和良知；引领课改，凸显的是媒体旗帜鲜明的价值观；服务于课改，就是服务于教育，就是服务于时代和国家的期望，就是服务于经济社会的发展和国家对人才的要求。这是媒体的立场，是力行的姿态，也是媒体敢于担当的使命。

我们信奉教育是一种信仰，选择课改就意味着选择了责任与创新！

（载《中国教师报》2011 年 5 月 25 日）

<总编七日谈>

每天都是儿童节

六一，是一个什么样的节日？

我们先来了解一段史料：

1942年6月，德国法西斯枪杀了捷克利迪策村16岁以上的男性公民140余人和全部婴儿，并把妇女和90名儿童押往集中营。村里的房舍、建筑物均被烧毁，好端端的一个村庄就这样被德国法西斯给毁了。

为了悼念利迪策村和全世界所有在法西斯侵略战争中死难的儿童，1949年11月，国际民主妇女联合会在莫斯科举行理事会议，决定以每年的6月1日为国际儿童节。

可以说，六一儿童节的核心词是：生存、教育、生活。为什么要专门给儿童设置一个节日？因为有这样一个国际"共识"：儿童是国家的未来，是民族的希望，"儿童兴则国家兴"、"儿童强则国家强"，给所有儿童创造良好的家庭、社会和学习环境，让他们健康、快乐、幸福地成长，一直是世界各国努力的目标。我国在普及儿童学校教育和维护儿童权益上，可以说取得了举世瞩目的成就。

然而，遗憾的是，我们的教育尤其是学校对儿童的教育还存在着不少的问题。简单来说，我们的教育思想问题依然是教师中心太多，而学生主体太少；我们的教育观念依然是替代控制过多，而放手信任太少；我们的教育手段依然是灌输和训练太多，而发散和动手太少；我们的教学目的依然是知识目标太多，而情感和思想太少……当教育一旦脱离了儿童，以成人的认知替代了儿童的认知，儿童便因为失去了灵性而未老先衰；当教育一旦变成了说教，校园便成为滋生虚伪和欺骗的温床；当教育成为禁锢的代名词时，学校也便成为儿童自由天性的囚牢；当儿童变成了一种单纯的成人需要时，儿童便丧失了全部的权益，成为任人揉捏的"泥巴"；当教育远离了爱时，校园的血管便会结冰；当教育没有了尊重，校园里便没有了人性和感动……

我们必须正视儿童的一切，以儿童为中心，去发现和探究儿童的领地，而不是肆意侵占儿童的世界。儿童有儿童的生活、兴趣、体验、认知、情感，儿童有着与自己年龄相符的不成熟和不确定性，他们甚至会犯下一些"大逆不道"的错误，这样的错误就叫"童心"，儿童因童心才更加可爱，或许正因为有这样的童心，才留给我们期待和想象的空间。儿童就是儿童，不包容、不"谅解"儿童的错误就是不尊重儿童的情感和人格，不承认、不接受儿童的差异，就是不关注和呵护儿童的精神发育，就是对未来不负责任。

儿童节，让我们一起反思我们的教育行为，走进儿童的世界，蹲下身子，倾听、包容、接纳我们的孩子。

儿童节提醒我们，教育必须"从儿童出发"，用无私的大爱给儿童撑起一片没有阴影的晴空。

儿童成长的每一天，乃至于每一分、每一秒，都应该成为儿童的节日！

（载《中国教师报》2011年6月1日）

总编七日谈

高考问题不在高考本身

形容高考，没有比"如临大敌"更为贴切的词语了。

作为一种比较公平合理的人才选拔方式，有人总把高考和古代科举制度相提并论。

"十年寒窗无人问，一朝成名天下知。"古代科举制度的确在客观上成就了很多寒门子弟"一飞冲天"的人生抱负，但弊端又是显而易见的，要不然，绵延1300年历史的科举制不会在1905年的晚清寿终正寝。今天的高考是古代科举制的延续吗？显然不是。可为什么今天高考的"疯狂"与科举又有几分相似？窃以为，恐怕还是要从国民固有的价值观和教育本身上去寻找根源，说穿了是"应试教育"这个怪胎在作祟。

其实，高考的问题不在高考本身，而在于越来越极端的"一考定终身"的高考"大限心态"。正是在这种心态的造势和驱逐下，高考被扭曲为一种成则为王败为寇的家庭与家庭、学校与学校之间的"博弈"，这样的博弈又推波助澜，乃至于成为一种症状明显的"社会通病"，于是，有人总结说，高考考的哪里是学生，分明是校长和家长的脸面，这是应试教育导致的并不意外的结果。

中国学生的苦，远不止是一般想象的苦。一位苏南名校校长就曾经公开介绍该校高升学率的秘诀——考什么教什么，怎样考就怎样教。该校所在地区的大多数学校，曾经一窝蜂地"发扬"过"三苦精神"，要求学生要做到"三年如一"，为了高考"苦撑、苦学、苦熬"。同样河北省也曾有所高中，甚至把"拼时间、拼体力、拼意志"的"三拼经验"推广到了全国，应试教育的猖獗可见一斑。可怜孩子们就是这样被无数的人和无数的利益"绑架"着，从上学的第一天开始，以超出自己本能的忍耐，用无数个"炼狱"一般的日子，去承担必须完成的"使命"。

就这样，当教育被异化为一种专制般"刚性"的需要时，就不难理解为什么有很多的学校越来越接近于"监狱"，那么，高考便成为了某些热衷于各种利益的"伪教育"人，所期待的一场以分数为刀斧的生命"荼毒"。所幸，近年来，从中央到地方各级政府，正以一场素质教育和新课改的"革命"，推动教育向着"人"的方向变革。高考，也正从单纯的知识考核向着情感、能力、智慧维度跨越。只是我们还需要一些时间，请耐心一些！我相信，一切教育的终极目标必然会指向于"人"，这个"人"就是我们的孩子，他们不仅代表着国家未来，更是真正的未来！

"选择"学生作为未来，就首先要对他们的一生负责，让他们学得轻松、生活得快乐、活得有意义，这就是终身学习最朴素的理念，何必"赌博"于一次考试的成败？

教育如果不摆脱对学生的"附加"和"控制"，不以学生为主体，不尊重学生的生命，不以"平常心"办"以人为本"的教育，或者说仍然在应试教育里跋涉，那高考仍难以轻松。

（载《中国教师报》2011 年 6 月 8 日）

总编七日谈

课堂不该让学生难受

前一段，我在"香山会馆读者论坛"上与网友们在线交流，不止一个读者问我，为什么《中国教师报》定位于课改，旗帜鲜明地提出要创办"中国课改报"？我是这样回答的：为了让孩子们上课不难受。有网友事后给我发短信，说看了我的回答很感动。

"为了让孩子们上课不难受"，这个朴素的、不太"高远"的目标，竟然从此成为中国教师报团队为之奋斗的信条。网友们告诉我，每次捧读《中国教师报》，都能读出一个优秀报人团队的担当。感谢网友们对《中国教师报》的谬赞。的确，正是为了中国教育的责任、良知，我们呕心沥血，这一点，时间和岁月可以见证。从选题的策划到稿件的采写以及最终的版面呈现，我可以很自豪地说，我们没有敷衍，是用心、用情、用智做的，"有什么样的媒体人，便会有什么样的媒体"，尽管我们能力有限，但愿意和每一个教育人一起去承担这个时代赋予我们的伟大使命。

教育的问题可以归纳为课堂的问题，或者说，今天的中国教育有可能患上的是"课堂并发症"，那么回到课堂上去求解教育答案，至少是一种有意义的尝试。然而，有些人却不太敢对课堂"动刀"，习惯于这样那样的"万一"，却独独对学生的课堂生存状态视而不见。我们忘记了对孩子的人性关怀，忘记了他们真切的感受，忘记了学生的身心特点和认知规律，忘记了去问一声"你是否快乐"，这样的教育能叫以人为本吗？唯有"让孩子不难受"，才能全面提升学生的生命质量，才能让学生乐学、愿学、学好、会学。

有一位课改校长曾经这样说，课堂没有理由让学生"难受"，这句话至少体现出弥足珍贵的人文关怀，但仅仅这样还不够，从"人"出发的教育，必须严肃地正视"难受"，"想方设法"让学生远离"忍受"，而这个"法"是什么？是课改！如何改？那就是尊重和落实学生的"主体"，诚心诚意让学生做主人，积极发挥学生的自主性、主动性、创造性，说白了就是走出"接受"，走进"享受"。"学生"这个词，不就意味着"在学中生"吗？而"学校"的根本含义，是不是也包含着对"学习"和"学生"的重要提示呢？

张扬学生主体，把学习还给学生，变"教中心"为"学中心"，变"灌输式"为"自主式"，让教师少讲为学生多学，不是中国教师报的"发明"，而是坚定不移地去推动和实践素质教育和新课改的核心要义，而是勇于完成党和国家交付于我们的一项神圣使命，而是着眼于民族发展的前景和未来。

给孩子一个不难受的课堂，就是踏踏实实地做真教育。但在今天，这又似乎是一场颇为艰难的挑战，这时候，就需要《中国教师报》去鼓呼、去推动、去引领。尽管可能会招致一些质疑、误解，但这样的选择总有一天会显示出非凡的价值！

（载《中国教师报》2011年6月15日）

<u>总编七日谈</u>

使美好的理想变成现实
——学习温家宝同志免费师范生毕业典礼上讲话有感

"教师的工作岗位看似平凡,其实当一名教师并不容易,当一名合格的中小学教师更不容易。"

这是温家宝同志在 2011 年 6 月 17 日首届免费师范生毕业典礼中一段饱含感情、满怀期望和寄托的话语。

"善之本在教,教之本在师",温总理还引用了《荀子·大略》"国将兴,必贵师而重傅"、"国将衰,必贱师而轻傅"的名言,来说明教师之于一个国家和民族未来发展的重要性。

"中小学教师每天面对的是最渴望求知的眼神和最纯洁的心灵",教师的确是一个特殊的职业,但也是一个有着光明前途的职业,温家宝同志说,"中小学教师同样能够出人才、出大家、出大师"。温家宝同志的讲话催人奋进,再一次表明了党和国家新时期的"教育观"和"教师观",给了中国教育以希望,给了教师以信心,天将降大任于斯人,教师要敢于负起教书育人的神圣职责。

温家宝同志不仅对教师这个职业表达了高度的崇敬之情,他还借此对免费师范生提出了几点希望。概括起来,就是"四个要":一要充满爱心,当一个好老师,首先要是一个充满爱心的人;二要甘于奉献,我们选择了做教师,就是选择了奉献,选择了高尚,就是人生中最大的幸福；三要刻苦学习，教师作为知识的传播者和创造者，必须不断学习，不断充实自己，才会有教之乐，而去学之苦；四要勇于创新，教育既是科学，也是艺术，教师从事的是创造性的工作，没有创新精神的教师，不可能培养出创新人才。

温家宝同志还从教师成长的规律上总结出："杰出教师的过人之处，就是能够在平凡的教学点滴之中，探索教育的真谛，追求事业的卓越。"

温家宝同志的"四个要"发人深省、启迪智慧，他是对免费师范生讲的，其实也是对全国1400多万中小学教师提出的殷切希望。

温家宝同志讲话的点睛之处体现在这段话中："希望你们积极投身教育改革创新实践，重视培养学生的想象能力、创新能力和实践能力，激发学生的兴趣，创造有利于个性发展的氛围，使美好的教育理想变为现实。"温家宝同志的这段话，深刻地揭示了教师在教育转型时期的重要"作用"，也正面回答了"教师角色"这个看似微观其实关键的问题，也解释了一个大国总理为什么数年来坚持去课堂听课这一看似寻常却意味深远的举动！

温家宝同志的讲话专业、深刻、透彻，深入浅出、条理清晰、以理服人、以情动人，不仅对于现实教育，而且对于我们今后如何办好《中国教师报》，都有着十分重大的指导意义。

（载《中国教师报》2011年6月22日）

总编七日谈

红色教育的"魂魄"

再过几天,就是党的 90 周岁生日。

遥想中国共产党的 90 年,没有比用"伟大"来概述更为准确的了。正如袁贵仁部长日前在教育部纪念中国共产党成立 90 周年理论研讨会上所讲的那样:中国共产党的 90 年,是为了中华民族的独立、解放、繁荣和中国人民的自由、民主、幸福而不懈奋斗的 90 年,也是推动人民教育事业实现历史性进步的 90 年。

90 年来,在党的领导下,我国教育事业走过了波澜壮阔的光辉历程。当前,我国正处在从教育大国向教育强国、从人力资源大国向人力资源强国迈进的历史新起点上。面对前所未有的机遇和挑战,我们如何实现历史赋予的这一伟大任务和目标?

答案是用"红色"为教育聚"魂",充分发挥"红色"教育的巨大作用。而"红色"教育的魂魄,就是高举中国特色社会主义的伟大旗帜,毫不动摇地坚持走中国特色的社会主义教育发展道路。

发挥"红色"教育的作用,即坚定不移地坚持党对教育的领导,扎实推进学习型党组织建设,深入开展创先争优活动。充分发挥基层党组织的战斗堡垒作用和党员的先锋模范作用。发挥"红色"教育的作用,要求专注于建设社会主义的核心价值体系。要敢于在办学体制、课程设置、教学方式等方面创新实践,加强和改进思想政治教育工作。发挥"红色"教育的作用,还要在人才培养的方式方法上下功夫,要坚定不移地坚持社会主义建设者和接班人的培养目标,要坚持德育为先、能力为重、全面发展,要大胆改革体制机制,以提高我国教育的国际竞争力。

中国教育的"红色"魂魄,是中国共产党用鲜血、经验和智慧凝练而成的,发挥"红色"教育的作用,坚持走中国特色的社会主义教育发展道路,就是在中国共产党的领导下,全面贯彻党的教育方针,立足基本国情,遵循教育规律,推进教育事业科学发展,培养德智体美全面发展的社会主义建设者和接班人,办好人民满意的教育,建设人力资源强国,这是我国教育事业健康、可持续发展的根本保证!

(载《中国教师报》2011年6月29日)

总编七日谈

以人为本不是一句口号

连日来,全国各地都在认真学习胡锦涛同志在庆祝中国共产党成立90周年大会上的重要讲话。作为一篇新时期马克思主义的纲领性文献,讲话全面分析了国内外形势新变化,深入阐释了党和国家事业发展的新要求,对下一步推进教育改革发展工作指明了方向。

胡锦涛同志在讲话中指出,坚持发展是硬道理的本质要求就是坚持科学发展。而科学发展是通过几个"更"字体现的:更加注重以人为本,更加注重全面协调可持续发展,更加注重保障和改善民生。

从中我们可以看出,以人为本是第一位的,教育是最大的民生工程,教育理所当然要以人为本。这些都是党和政府的重要文件中反复强调的内容,但是反思今天的教育教学,是否贯彻落实了胡锦涛同志的讲话,是否真正做到了"以人为本"?

应该说,以人为本的教育理念并不是现在才有的,很早之前,一些教育家已经在践行这种理念,比如陶行知。但在教育变革的今天,我们一再强调"以人为本",便有了新的价值取向。它的意义在于把人放在第一位,主张以人作为教育教学的出发点,而不是传统教学中,把知识当作教育的目的,颠倒了知识与人的关系。以人为本的根本目的是为了人,而非塑造人。

对于教育人来说，以人为本不是一句口号，不是一句宣传语，而是深植于每一个教育人心里的信念和行动。对于教师来说，以人为本就是把学习的权利还给学生，学生是学习的主体，他们有自己的认知结构和学习方法。教师所做的是开发学生的潜能，发展学生个性，把时间和空间还给学生，让他们自己设计学习，挑选适合自己的学习方法。对于校长和教育行政决策者来说，以人为本就是关注教师的生存环境和物质待遇，关注教师职业成长的需要，为他们的发展提供好的平台，让校园成为师生共同成长的乐土。

以人为本，是科学发展观的核心，是党的根本宗旨的体现，也是今天教育改革发展的战略主题。今天的教育人必须把以人为本放在首要位置，从实际情况出发，切实把以人为本的精神落实到一线，落实到学校，落实到课堂，只有这样，学习胡锦涛同志讲话的效果才能转化为加强和改进教育工作的实际成效。

（载《中国教师报》2011年7月6日）

<u>总编七日谈</u>

我们需要什么样的暑假培训

老师们盼望已久的暑假来临了。忙碌了一个学期，是该放松一下疲惫的身躯、紧张的神经了。

暑假生活怎么过？休息、旅游、阅读、培训……尽管有各种各样的选择，但事实是，暑假正日益成为教师的"第三学期"，尤其是培训的"黄金时期"。

与孩子暑期报名参加各种培训班的"火爆"相比，教师们参加各种各样、五花八门的培训，情况毫不逊色。随着新课程改革的推进，越来越多的地方政府、教育部门、学校意识到教师培训的重要性，这是一件好事。但如何把好事办好，显然需要良好的制度设计。

在现实中，我们常常看到这样一些场景：一些教师培训注重新课程理念的灌输，仅仅把教师看作理念的接受者，以至于到了现在，一些教师看似了解、接受了新课程理念，但一谈到落实的步骤和方法，就保持沉默，于是行动上，依然是走应试的老路。

新课程是一项任务吗？当然不是，既然是新课程，我们就要更加突出和注重这一个"新"字。对于广大教师来说，新课程应该是充满创造力、充满鲜活性、充满朝气的新事物。先得接受它，学习它，最终才是落实它。因而，如果教师培训不能把新课程的创造性和鲜活性与现实有机地结合起来，如果教师培训没有调动起广大教师饱满的热情，如果教师培训没有创新机制，走一条新路，那么，不仅教师培训的效果要打折扣，新课程推进的道路更是充满艰难险阻。

从某种意义上说，培训方式决定了教师的讲授方式。如果教师在培训中体验到的还是传统的"讲授式"课堂，听到的还是远离自己教育教学生活的理论，学到的只是书本上的定义和概念，他又怎么会传递给学生新的理念、新的知识、新的方法？

很多一线的反馈已经表明，以往宏观的理论培训已不能适应目前教师发展的需要。教师培训机制从内容到方法都要进行创新，真正面向教育教学一线，面向教师在新课程改革中产生的实实在在的问题和疑惑，面向他们的所学、所思、所想，从实践出发，这样的培训才是真正有效，真正受教师欢迎的。

无论是教育主管部门还是学校，都应该学会从"师情"出发，为教师着想，让教师过一个有意义的假期，让他们真正从培训中有所得、有所获。要知道，培训不仅仅是培训，更是一种引领！

（载《中国教师报》2011年7月13日）

总编七日谈
行走在课改路上

这个暑假,中国教师报的编辑和记者一直行走在路上。

在路上,一个简单却意味隽永的词语。而我们走在课改路上已经有11个年头了。从2001到2011,有太多的课改人物让我们感动、欣慰,有太多的课改学校让我们振奋、深思。作为一份教育专业化媒体,我们有幸生在这样一个教育变革的年代,有幸感知周遭变革的事物,有幸成为这一变革时代的记录者。

但,媒体仅仅是一个简单的记录者吗?似乎远远不够。2011年7月27日,中国教师报特别发起的"课改中国行"大型公益活动回答了这个问题。在这次活动中,我们的编辑、记者和全国课改专家、名校长一起,从北京出发,深入全国17个省50个地区,在调研采访的同时进行课改理念和方法宣讲。我们力图让自己走过的每一片土地都意识到,课改是国家意志,课改事关国家未来和民族前途,课改,比你我想象得更为重要!

教师引领希望,课堂承载未来。这是本次"课改中国行"大型公益活动的关键词。作为课改意志的直接贯彻者和实施者,教师肩上所承担的责任前所未有的重大,我们可以毫不夸张地说,从某种意义上,教师的素质决定着教育的未来、国家的未来。但基础教育新课程改革推行到今天，一线教师是否真正能转变观念，在教育教学中践行新课改，却是要打一个问号的。当然，这个板子不能只打在教师一个群体身上。作为中国所有教师的"娘家报"，我们更深深体会到教师在新课改历程中的艰难、不易、窘迫乃至痛苦。

上个世纪 90 年代，一个"中国质量万里行"的活动吸引着国人的目光，那么作为关乎国计民生的教育，其质量的重要性更毋庸讳言。11 年了，我们需要对中国的教育，对中国的课改进行重新的审视和思考，这是一份责任，更是一份良知。中国的教育不能继续走应试的老路，中国的教育应该给孩子一个自然的生存发展空间，给他们一个明媚崭新的未来。

只有行动，才能改变教育，改变教师。我们希望更多的教师、更多的校长、更多的区域教育主政者行动起来，我们希望更多的课堂活起来，更多的学校活起来，中国的教育活起来。所以，行动起来，我们将在课改这条路上继续走下去，并将一直走下去。

(载《中国教师报》2011 年 8 月 17 日)

总编七日谈

活出全新的自己

　　一年里最长的假期马上就要结束了，老师们即将返校，开始新的教育教学生活。对于普通人来说，这是一年中的普通时段，而对全国1000多万教师来说，这却是一次新的开始。

　　暑假对平时忙于工作的老师来说是一次难得的休养身心的机会，老师们或走亲访友，联络情感；或游山玩水，颐神养性；或养花弄草，自娱自乐……但也有很多老师在暑假里忙着接受培训，读书学习，给自己充电，同时还要应对人情世故和家庭琐事，暑假过得并不轻松。甚至会有一些教师觉得暑假比在学校更累，更令人郁闷和烦恼。

　　这些烦恼我们非常理解。毕竟，教师并非不食人间烟火的神仙，一样有七情六欲、痛苦忧愁。但无论如何，教师有一点是其他职业不能相比的，那就是它独特的职业属性——与人的成长密切相关。"在你的教鞭下有瓦特，在你的冷眼中有牛顿，在你的讥笑中有爱迪生"，尽管是一句老话，但在今天，依然振聋发聩。

　　作为一个媒体，我们不能改善教师的工资待遇，我们不能授予教师显赫的荣誉称号。但我们能做的是，为他们的心灵找到栖息之地，让他们带着愉悦和幸福，以良好的心情迎接学生，迎接这些陌生但同样可爱的面孔，认识他们，了解他们，呵护他们，引导他们。这并不是重复昨天同样的故事，而是一项全新工作的开始，因为我们的学生已全然不同。

教育是常新的。世间万物皆变，唯有变化是不变的。太阳每天都是新的，教育更应如此。面对时刻变化的丰富多彩的心灵，教师必须时时敞开心灵，不断更新自己。"日新之谓盛德"，只有不断更新自我，才能让自己不断进步，向梦想靠近。

在某种意义上，教育其实就是人的改变和更新。教师是最需要自我更新的职业。在新的学期里，期待每一位教师活出全新的自己，让自己的工作变得更加富有激情和诗意，带给学生更多的快乐和幸福，和他们一起在不断的自我更新中成长。

（载《中国教师报》2011 年 8 月 24 日）

总编七日谈

每一天都是教师节

"此时此刻,无论身在何方,13亿中国人都在向老师致敬。"这是新华社记者在《2011年教师节晚会侧记》一文的第一句话。

每年的教师节,我们都会看到这样的景象,从先进教师个人到优秀教师团体评选,从物质奖励到精神奖励,从学生、家长到社会各界……是的,这一刻,教师毫无疑问地站在舞台的中央,享受着众人的尊敬和仰慕。这一天,教师是当之无愧的主角,享受着众人的羡慕和感激。

是不是这样,就够了?

让我们先回溯一下最初设置教师节的初衷。1931年5月,当时"南京国立中央大学"教授邰爽秋曾联络沪宁等地教育工作者200余人,向民国政府提出设立教师节的倡议。他们在倡议中提出:设立教师节的目的在于改良教师生活之待遇,保障教师地位之稳固,提高教师之专业修养,逐步形成尊重教师的社会风气。

邰爽秋的心愿在1985年得到了实现。这一年的1月21日,第六届全国人大常委会第九次会议通过《关于教师节的决定》,广大教师终于有了属于自己的节日——教师节。比之以往,教师的政治地位、社会地位得到了很大提高,教师队伍建设取得了长足进展。作为一个有着悠久尊师重教传统的文明古国,我们对教师的褒奖和表扬已经很多很多。

但这些还远远不够，面对汹涌的市场经济大潮，教师这个职业还远远没有达到"让人向往"、"受人尊重"的程度，整个社会还没有真正形成尊重教师的良好风气。尤其是农村教师，更是我国教师队伍的"短板"，他们长期以来工作在比较艰苦清贫的环境中，工资待遇偏低，编制制定和补充机制不完善、逆向流动严重……

对这些普通的农村教师而言，9月10日意味着什么？一个荣誉证书、一笔微薄的奖金、一个上级部门授予的荣誉称号？不管是什么，9月10日之后，他们的日子并没有实质改变，他们的生活依旧捉襟见肘，为柴米油盐发愁；他们依旧难以走出大山，接受培训；他们是当地的弱势群体，同工不同酬，甚至出现了另一种"职业倦怠"。

这个问题已经迫在眉睫，正如温家宝同志日前所说，"农村教师队伍建设依然是影响农村教育发展的突出问题，教师的整体素质仍然有待提高，教师的收入和待遇还有待改善，教师管理机制还有待完善"。能否尽快造就一支规模宏大、业务精湛、结构合理、充满活力的农村教师队伍，关系农村教育发展的全局，是一项十分重要而紧迫的任务。

"我们需要的不仅仅是锦上添花，更是雪中送炭。"一位来自基层的农村教师这样说。是的，对待教师尤其是900多万农村教师，我们需要的不是一时一刻的致敬，而是永远的致敬。期待，每一天都是教师节；期待，每一天，教师都真正成为让人羡慕和尊敬的"主角"。

（载《中国教师报》2011年9月14日）

总编七日谈
答案就在脚下

最近,一场报告引起了很多人的感动,这场名为《一定要把农村教育办得更好》的报告,讲授者正是共和国总理温家宝。(2011年8月28日,温家宝同志在河北张北县第三中学作此报告)

与以往的报告不同,温家宝同志少有地谈起了自己的教育家事:"我的爷爷和父母都是老师。父亲母亲不在家时,我就模仿他们,也当一个小老师,像他们一样指指画画,写写算算,以为乐趣。"

更让与会者感动的是,面对台下众多两鬓斑白、满面风霜的农村教师,温家宝同志站起身来,庄重地向台下的教师们三鞠躬。

这场报告持续了2小时15分钟,响起了38次掌声。温家宝同志对农村教育的关切之情溢于言表。

怎么才能把农村教育办得更好?这是一个大问题,也是一个老问题。从晏阳初到陶行知,从黄炎培到梁漱溟,在上个世纪初期的中国,一大批有见识的教育家,将视野从大城市转向中国广袤的农村,探索中国近代教育的新出路,将平民教育思潮引向声势浩大的乡村教育思潮。他们的思想,至今还闪烁着光芒。

但这条探索的道路并没有停止。农村教育的凋敝与落后依然困扰着人们,受经济水平的制约和传统习惯势力的影响,农村教育的教学方法还很落后。"后普九时代"的农村教育该走向何方？如何着力提高农村教育质量？很多教育人在思考着，而温家宝同志给出的第一个答案是"大力推进学校课程的教学改革。这方面无论在城市学校还是农村学校，都是大有文章可做的"。

的确，以素质教育为目标的新课程改革正是解决农村教育难题、突破农村教育瓶颈的不二法门。从这个意义上，本报曾多次报道的杜郎口中学用实践回答了如何在农村中学实施素质教育这一"棘手"问题。

在很多人看来，农村中学一无优秀的师资，二无先进的教学设备，三无优渥的政策支持，四无一流的生源……这样怎么搞教育，尤其是素质教育？在这里，我要反问的是，难道素质教育就是师资、设备、政策、生源这些条件累积出来的吗？

答案当然是否定的。素质教育是真正以人为本的教育，是促进人的智力和体力自由发展的、主动发展的教育，是以培养人的创新精神和实践能力为重点的教育，是让人的各方面才能和兴趣、特长得到和谐发展的教育。

答案就在脚下，让我们停止抱怨，把头埋下去，用脚去感知土地的温度，迈出行动的步伐！

（载《中国教师报》2011 年 9 月 21 日）

总编七日谈

警惕教师培训的"马太效应"

金秋九月,各种各样的教师培训提上日程,拉开了序幕。

毫无疑问,这是一个培训的黄金季节。为了打造一支师德高尚、业务精湛的高素质专业化教师队伍,各地政府对教师培训极为重视,通过各种行之有效的举措,取得了良好的效果。

但在培训中,有一种现象却不能忽视,就是教师培训中的"马太效应"。一些地方把培训看作"奖励"和"表彰",只给予一些"名师",而没有真正让教师培训做到"全覆盖",结果自然是"名师"参加的培训越来越多,名师越来越"有名",越来越"优秀",而真正需要培训和帮助的教师只能"望训兴叹"、"止步不前"。

教师培训,是雪中送炭,还是锦上添花?如果回答这个问题,可能大部分人的答案是前者,但为什么在实际行动中却成了"锦上添花"?更何况,我们还要继续追问,这是否真的能"锦上添花"?答案可能出乎意料。很多享受优质培训资源的"名师"也有抱怨,培训多了,内容重复了,效果自然也要打折扣。这种福利不要也罢!

为什么会这样,原因在于相关培训部门的认识不到位,更在于培训资源的紧缺。其实,不独教师培训是这样,在教育领域的很多层面,都有着类似的问题。比如区域层面的"马太效应",发达地区因为资金充裕、政策配套，教育水平相对较高，而欠发达地区本就落后的教育受经济发达地区冲击，优秀教师、骨干教师流失严重，教育发展更显得步履维艰，矛盾重重；比如学校层面的"马太效应"，因教育资源分配不均，一些重点中学、示范性高中逐渐成为大家争相追逐的"好学校"，而薄弱校却无人问津，甚至慢慢走向衰微；比如学生层面的"马太效应"，学生被人为分成三六九等，少数优秀学生得到高度重视和特殊照顾，中等生和后进生被忽视乃至彻底放弃。

众所周知，教育公平是实现社会公平的"最伟大的工具"，要肩负起解决社会公平的重任。而教育公平首先是教育机会的公平，如果连教师培训的机会都无法做到公平，那何谈更大的公平？公平不仅仅是宏观的口号，更要落实在教育领域的每一个层面。它让每个孩子有平等受教育的可能，让每位教师有发展自己、成就自己的可能，让每一位公民从中看到向上的希望。

(载《中国教师报》2011 年 9 月 28 日)

总编七日谈
倾听基层教育的声音

最近，由中央宣传部、中央外宣办、国家广电总局、新闻出版总署、中国记协等五部门组织的"走基层、转作风、改文风"活动，正在全国新闻战线广泛开展，这项活动，让我们对媒体的职责和记者的责任，有了更深的思考。

提到新闻媒体的职责，就不得不提到一位著名的新闻人——穆青。这位资深记者无论走到哪里，谈得最多的，说得最多的是"勿忘人民"，题词最多的也是"勿忘人民"。"勿忘人民"是穆青新闻理论中最丰富、最核心的部分，更是他留给媒体同仁的宝贵思想。人民在哪里呢？人民就在基层中，在一个个偏远的地方，一个个穷苦的地方，那里才有中国社会最真实的生态、中国百姓最朴素的面貌。

是的，到基层去！为什么"走基层、转作风、改文风"活动在全社会引起强烈的反响？为什么一篇篇来自基层的报道、特写让我们为之落泪感动？就是因为我们真正走进了基层，了解了中国。可以说，这项活动是坚持"三贴近"、落实"三贴近"的生动实践，是保证新闻信息真实准确、增强新闻宣传吸引力感染力的重要途径，更给所有的新闻工作者上了一堂宝贵的新闻实践课。

教育的基层在哪里？其实离我们并不遥远，就在无数个普普通通的学校、普普通通的课堂、普普通通的学生和老师身上。从《中国教师报》诞生的第一天，我们就把这些普通的学校、课堂、老师和学生作为我们记录和聆听的对象，认真捕捉他们在教育道路上每一道美丽的风景。

基层，永远是我们不竭的精神源泉。正是基于此，2011年，《中国教师报》全面改版，创新"平媒—网站—会馆"互动结合的"立体新媒体"概念，正是基于此，我们在暑期倡议发起了"课改中国行"大型公益宣讲和采访活动，我们所有的语言和行动，都是为了走近读者，与一线教师零距离接触，倾听他们的心声，发出他们的声音。

什么是新闻记者成长的动力？让我们再次回溯穆青的一段话："（记者）要抓紧一切时间到第一线，到基层去，到群众中间去，不要安于浮在上面，要深入下去，要吸收更多的实践营养，充实自己丰富自己。"

到基层去，从今天开始。

（载《中国教师报》2011年10月12日）

总编七日谈

向"史上最牛校长"学习

一个人,感动了整个教育界。他就是四川省绵阳市安县桑枣镇桑枣中学校长叶志平。

提起叶志平,大家都不陌生,2008年汶川大地震,震倒了很多学校,但却没有震倒桑枣中学。叶志平创造了桑枣中学"零伤亡"的奇迹。震后三年,受损严重的桑枣中学拔地而起,眼看着,叶志平"梦想中的学校"就要变成现实。但遗憾的是,叶志平却因为突发脑溢血,离开了人世。

最近,教育部专门下发了教育系统向叶志平同志学习的通知。我们应该向这位"史上最牛校长"学些什么呢?

学习他对安全教育的重视?学习他勤勤恳恳的工作态度?学习他勤政廉洁、凝聚人心的高尚品德?是的,这些都要学,但我们更看重叶志平校长身上所独有的特质——他是一位农村校长。

一个好校长就是一所好学校。作为农村学校的领头羊,农村学校校长的教育理念、管理水平直接决定着学校的办学方向和办学水平。在一些人看来,农村学校无人才,但叶志平用自己的行动纠正了这种偏见。他怀揣着坚定的教育理想,行走在坚实的地面上,用智慧和心血浇灌出不一样的桑枣中学,用朴素的教育行动诠释出不一样的教育家思想,为农村教育和基层教师赢得了尊严。在一些人看来，农村学校想当然就是"汗水＋时间"的应试模式，但叶志平锐意改革，致力于探索新时期农村基础教育的规律，通过各种有效的激励机制，努力改善办学条件，大力开展教学改革，不断提高教育教学质量，赢得了学生、家长的广泛赞誉。

教师的日常工作是平凡的，农村教师的日常工作更是平凡琐碎的。但教育却是不平凡的事业，面对一些农村教育凋敝落后的现状，我们需要的不是抱怨，而是积极的行动，不断改善知识结构，拓宽知识视野，深入研究农村教育教学的规律和特点，积极探索教育教学规律。

从这个意义上说，我们需要千千万万个像叶志平这样的农村校长、农村教师。他们是土生土长的农村教育改革家、实践家。他们是农村教育最坚实的奠基者和创造者。农村教育的明天，就在他们手里。

(载《中国教师报》2011年10月19日)

<u>总编七日谈</u>
学校应该更有"文化"

深秋十月,我们迎来了党的十七届六中全会,迎来了期待已久的《中共中央关于深化文化体制改革推动社会主义文化大发展大繁荣若干重大问题的决定》。

在这次大会上,"文化"成为核心命题,"文化自觉"和"文化自信"成为我们这个民族的希冀和追求。

是的,从没有一个时候,我们如此看重文化的力量和作用。文化是民族的血脉,文化是我们的精神家园。几千年来,人类试图用文字来描摹文化,却很难给出确切的解释,文化就在我们周围,看不清,摸不着,却影响了一代又一代人,它让我们找到了价值的认同,找到自己的根。

提到文化,就不得不提到四个字——"以文化人"。这可谓是对文化功能最简洁但却最准确的阐释。而此处的"文",正包含了教育的功能。按照杜威的解释,教育是文化的重要组成部分,是文化的继承者和传递者。教育是"社会文化进步、改革的基本方法"。

所以,教育界有了这样一句老话:建学校就是建文化,办学校就是办氛围,做教育就是"以文化人"。毫不夸张地说,文化是学校赖以生存和发展的根基和血脉,是学校的精髓和灵魂,是学校最鲜明的特色,也是学校竞争力价值的根本体现。关注文化、寻找文化、重塑文化，是学校发展的必由之路。

但是，我们现在的学校，从小学到中学，从中学到大学，是否具备文化这一特质？如果把人分为自然人、社会人、文化人，那么只能遗憾地说，现在的一些学校还远远没有达到"文化学校"这个阶段，甚至还处在原始的蒙昧阶段，还在走应试教育的老路，还在用"时间+汗水"的野蛮方法。

在没有文化的学校，我们看到了许多怪事，譬如"绿领巾"，譬如体罚，譬如以考分排座次，譬如"以优劣分班"……于是不难理解有人称现在的学生是"有知识、没文化"的一代。当学校都不再讲文化，没有"文化自觉"和"文化自信"，怎么能要求我们的学生呢？

回溯历史，从北京大学的"思想自由、兼容并包"，到南开大学的"允公允能、日新月异"，正是因为有了这种厚重而无形的精神底蕴，有了独具一格、别具特色的文化追求，才有了它们的辉煌。时至今日，学校需要的不仅是重金打造的硬件设施，而是真正有灵魂的软件内核。当我们急匆匆前进时，请低头沉思，你的学校可有"文化"？

（载《中国教师报》2011年10月26日）

总编七日谈

带领孩子去寻找真理

比之建大厦、盖高楼，打造一种共同的核心价值更是中国社会当下迫在眉睫的重要任务。党的十七届六中全会提出，社会主义核心价值体系是兴国之魂，是社会主义先进文化的精髓，决定着中国特色社会主义发展方向。

作为德育的前沿阵地，如何加强和推进中小学社会主义核心价值体系教育，成为基础教育界面临的新形势、新任务。应该看到，我们对此无比重视，"责任教育"、"幸福教育"、"感动教育"……它们尽管形式不同，但毫无疑问，都有着相似的目的：重建核心价值，让孩子成为大写的"人"。

但在一个价值多元、思想多元的社会，我们却不得不承认这种现实，曾经普遍认同、共同追求的价值观念正在被消解、被曲解。曾经的善良、正直、诚信正被功利与利益所侵蚀。更重要的是，信仰迷失已成为中小学社会主义核心价值体系建构中面临的一个严峻的课题。

在纷繁复杂的现实面前，如何判断、如何选择、如何建构，成为每一个教育工作者不得不面对的课题。还是像过去那样，自上而下，把大人自认为正确的价值观直接灌输给孩子，显然是行不通的。与以往不同，中小学社会主义核心价值体系教育要求我们必须重新审视学生的成长，真正从学生出发，在学习中借鉴，在借鉴中创新。

于是，我们再次回到了课堂。作为开展中小学社会主义核心价值体系教育的主渠道，无数个 45 分钟教什么，怎么教，考量着每一个教育工作者。课堂，不仅仅是教授知识的地方，更是价值体验和价值建构的平台。从某种意义上来说，这是一次学生主体意识的回归。一次有价值的、有意义的课堂教学必须贯彻充分发挥学生主体性作用的原则，只有这样，才能让学生在真实的学习体验中，明确应有的价值取向、行为准则和道德规范。

社会主义核心价值体系教育不是一朝一夕就能完成，它是在不断地学习体验中完成的。而关于何谓学习，布鲁纳曾这样论述："我们讲授某门课程并不是为了形成有关该课程的小型百科全书，而是让学生自己去思考……"

曾经，我们"把真理交给孩子"；现在，是到了"带领孩子去寻找真理"的时候了！

（载《中国教师报》2011 年 11 月 2 日）

总编七日谈

学校精神的力量

2011年10月25日，天津南开中学建校107周年之际，南开中学收到了一份特别的大礼，阔别母校51年之久的温家宝同志第一次正式回到母校，和广大师生谈心。

温家宝在南开中学共停留了100分钟，在这100分钟里，他讲述了自己的身世、在南开的求学情景，并回答学生的提问，勉励同学们努力成为一个对国家和人民有用的人，他对教育改革的希望，对创新人才的期盼，溢于言表。

但，让我们最为感动的是，一个大国总理对自己的中学母校如此念念不忘。事实上，在很多场合，温家宝同志都提到过南开中学。1984年，温家宝还写过一篇文章《南开精神永放光芒》，叙说他在南开6年的生活，"深刻地印在我的脑海里，南开精神一直鼓舞着我在工作和生活的道路上不断前进"。而在这次谈心中，温家宝同志再次提到，"南开精神像一盏明灯，始终照亮着每一个南开人前进的道路"。

南开的魅力在哪里？其实温家宝同志在这次谈心中已经给出了答案："南开之所以涌现出一大批志士仁人和科技、文化俊才，是因为她有自己的灵魂。人是要有灵魂的，学校也要有灵魂。"

遗憾的是，像南开中学这样有"灵魂"的学校太少了。一所学校，可以号称自己硬件一流、生源一流、师资一流，但是却很少敢发出这样的豪言——"精气神一流"。因为这种灵魂，这种精神不是一时半会就可以"制造"出来的，它是绵延不绝的历史记忆，它是凝固于血脉中不变的永恒，它是几代人殚精竭虑浇铸的结晶。它的力量远远比我们想象的更为强大。

由南开中学，我们想起了西南联大。在抗战的烽火岁月，这所由国立北京大学、国立清华大学和私立南开大学三校联合而成的大学，被很多人称为当时"最好的大学"。彼时生存环境恶劣，时刻面临着空袭的危险，师生们甚至饭都吃不饱，但这毫不影响他们在这所学校的学习、发展和创造，而这正是西南联大"刚毅坚卓"精神的根本体现。

好的学校，都是相似的，联想到现在的一些学校，一谈到校训必称"团结，勤奋，守纪"，一谈办学特色必有"夯实基础、突出特长"，这样的学校怎么能培养出创新人才，这样的学校怎么能让人念念不忘，这样的学校怎么能感染、激励学生并打下深深的烙印？

从某种意义上说，学校精神是学校文化的最高体现。我们期待，期待更多的学校拥有自己的精神和灵魂。

（载《中国教师报》2011年11月9日）

总编七日谈
德育，从生活出发

近段时间，青少年德育成为热门话题。尤其是党的十七届六中全会通过的《中共中央关于深化文化体制改革推动社会主义文化大发展大繁荣若干重大问题的决定》，特别指出"全面加强学校德育体系建设，构建学校、家庭、社会紧密协作的教育网络，动员社会各方面共同做好青少年思想道德教育工作"。

就在前不久，教育部部长袁贵仁也强调，要创造性地将青少年思想道德教育工作抓实抓好。要把德育课程与解决现实思想道德问题结合起来。要以青少年不断拓展的生活经验为成长根基，解决好工作（他们）成长中的思想道德问题。

我们对德育不可谓不重视。从中央到地方，都下发过很多文件，制定过许多措施。不仅如此，在很多学校的工作计划中，也把德育工作放在学校建设的首位。为提高德育工作水平，很多学校不惜人力、物力，成立德育工作领导小组，专设"德育副校长"等等，不一而足。但在现实中，"德育是个筐，什么都往里装"，德育低效乃至失效的现象却成为困扰教育人的一大问题。

究其原因，德育概念的泛化是导致德育低效乃至失效等一系列问题的根源。当德育缺少规范与框架，无边无沿，如何在教育教学中寻找到确切的载体和支点？当德育变成囊括一切的"大教育"，如何期待学生从中寻找到适合自己的内容？当德育本身就存在着体系混乱、取向不明的问题，如何期待以德育人，以德化人？

问题还没有结束，与德育泛化紧密相关的还有德育量化的问题。事实就是，当我们无法寻找到确切有效的德育方式，反而用简单粗暴的方式来代替德育，于是，出现了用分数给德育打分的现象。不少学校实施的德育量化积分的奖罚制度，其细致严苛到了令人吃惊的程度。似乎 90 分、100 分就意味着这个人德行良好，50 分、60 分则反之。道德原来竟然是可以量化的？

让我们重新回到德育这个概念。德育，即道德教育，它是帮助一个人形成价值观的教育，是让人从自然人向社会人过渡的教育，是赋予人社会责任感的教育。它体现着教育的终极目的。因而，它的特点决定了德育不是政治课，德育不是说教，德育不能泛化，也不能量化。

说了这么多"不"，那么真正的、理想的德育应该如何建设，答案只有一句话：回到生活，回到自然。

(载《中国教师报》2011 年 11 月 16 日)

<u>总编七日谈</u>
学校的文化自觉

党的十七届六中全会公报提出:"发展面向现代化、面向世界、面向未来的,民族的科学的大众的社会主义文化,培养高度的文化自觉和文化自信,提高全民族文明素质,增强国家文化软实力,弘扬中华文化,努力建设社会主义文化强国。"

中华民族需要培养高度的文化自觉和文化自信。如果对文化自觉和文化自信的关系进行分析,我们会发现,正是因为有了文化自觉,才有了文化自信。在高度的文化自觉基础上建立的文化自信,将会是一种介于传统和现代之间的自信,是一种既有继承又有创新的自信,这种自信意气风发,充满张力。

那么,如何让我们的教育也拥有高度的文化自觉?这里的教育不是泛指、虚指,而应落实到每一所学校、每一位教师、每一位学生身上。换言之,如何让学校、教师、学生拥有高度的文化自觉?尤其是在新课程背景下,当教育真正从人出发、以人为本,当教育不再是管制和控制,这种文化自觉显得尤为重要。

正如我们常说的,一个社会是否有文化,首先看学校是否有文化;一个学校是否有文化,首先看校长是否有文化,而一个孩子是否有文化,得看家长和老师是否有文化。

现实的情况是，很多学校缺乏文化自觉，更遑论文化自信。一些学校只顾埋头苦干，抓分数，抓成绩；一些学校想着怎么争取资助，盖大楼，造房子；一些学校想着总结和提升自己，却邯郸学步，亦步亦趋，根本找不到适合自己的路。

如何让学校发现、找到自己的文化自觉，归根结底还是要充分发挥教师和学生的主体性，让他们真正成为学校的主人。而达成这样的目标，我们需要打造一种新型的课堂。在课堂上激发教师和学生的创造力，点燃每位教师和学生的生命热情，而不是让前者职业倦怠，后者昏昏欲睡。

德国教育家斯普朗格说过："教育是一种文化活动，这种文化活动指向不断发展着的主体的个性生命生成，它的最终目的，是把既有的客观精神（文化）的真正富有价值的内涵分娩于主体之中。"当文化有了生命，有了主体，文化就不仅仅是写在纸面上的两个字，而有了更为深远、厚重、灵动的含义。

（载《中国教师报》2011 年 11 月 23 日）

总编七日谈

中国教育的自信力

近段时间,"文化自信"成为国人关注的热点,尤其是最近中国文学艺术界联合会第九次全国代表大会、中国作家协会第八次全国代表大会的召开,更加昭示泱泱大国对文化建设的重视,对文化自信的渴望。

其实,"五四"以来,国人始终处于一种深刻的文化焦虑之中,启蒙者基于对中国前途和命运的深切关怀,对本土文化给予深刻的反省和批评,甚至有激进者认为中国文化是陈腐的、落后的,进而变为一种文化自卑。

于是,我们的教育也"自卑"起来,迷失了方向,没有了目标。无论是在幼儿教育领域、基础教育领域,还是在高等教育领域、职业教育领域,各种各样的教学理论、教学方法扑面而来,忽而流行"某某主义",忽而学习"某某理论"……有的学校和老师通常是这个理论还没领悟,新的主义已经又开始了。

不可否认,这是一种进步。曾经"抱残守缺"的我们,在经历了无数的洗礼之后,已经开始学会内省,学会学习,学会借鉴。但接踵而来的是,面对纷繁复杂的教育,如何直面中国的教育现实,如何作出正确的判断,如何形成自己的特色,成为每一个教育人必须要做的功课。

曾几何时,鲁迅先生写下了《中国人失掉自信力了吗》,在他看来,自信力的有无，状元宰相的文章是不足为据的，要自己去看地底下。何谓"地底下"？其实就是基层和一线。

毫无疑问，来到基层，我们会发现，很多教师用自己的心血和智慧书写着教育，诠释着教育。来到一线，我们会发现，这里才有最真实生动的表达和记录。不管外界多么浮躁，不管上面在流行什么，他们都在一板一眼、踏踏实实地力行教育。但这种来自底层的自信，一旦面临外界理论的冲击和专家的"质疑"，有时会显得格外单薄。

当教育都不自信，如何让学生自信？当未来的建设者和接班人都不自信，如何让中国拥有自信？

自信，最简单的含义是"信自"，相信自己，不跟风，不浮躁，不盲目，才能守住自己的教育底线，才能明白自己的所需所求。所以，我们有理由说，相信一线教师，才会有中国教育的自信力！

（载《中国教师报》2011年11月30日）

总编七日谈

文化建设要有耐心

文化与教育密不可分,良好的教育是文化建设的基础,是培养文化人才的重要摇篮,更是促进文化创新、文化发展的重要力量。

我们甚至可以这样断言,有了教育文化水平的不断提高,才有整个国家文化建设的春天。

而进一步"细分"教育文化,我们会发现其内涵的丰富、复杂远远超出我们的想象。从教育文化到校园文化,从校园文化到班级文化,从班级文化到小组文化,因为涉及人,涉及学生,每一种文化都不可小觑,都必须付诸智慧和心血。

但在教育文化建设发展的路途中,一些地方却出现了急躁冒进的情况。新课程改革以来,"自主、合作、探究"的理念逐渐成为共识,小组合作学习已经成为课堂教学的重要形式,但近距离观察小组合作学习,却有着"重形式"、"轻内容"的趋势;有的课堂,教师提出问题后,只给优等生发言的机会,又回到了过去优生一言堂的局面;有的课堂,没有形成良性的合作氛围,学生各说各的,课堂纪律散漫;有的课堂,一些学生成了主持者,一些学生成了旁观者……

小组文化建设尚且如此,班级文化建设又会好到哪里去?由此再联系到一些学校的校园文化建设实践,管理者的各种愿景和设想不可谓不远大、不宏伟，但由于没有得到教职工和广大学生的认可，没有根据学校实际出发，没有可行性的具体操作措施，导致"理念"成了高高悬挂的口号，"制度"成了满是灰尘的摆设。

文化建设，牵一发而动全身，从来不是孤立的存在。小到小组文化建设，大到校园文化建设，都不是一朝一夕能够达到的，要通过一点一滴的积累，不断地培养和孕育，才能产生和壮大。所以我们理想中的教育文化繁荣，不仅仅是造大剧院和文化馆，更是要提高国民的文化内涵、文化素质。这才是文化的真正魅力。

有一流教育，才有一流文化。一流教育哪里来？从最细微的小组文化建设开始。我们真正需要的不是空谈，不是漫无边际的想象，而是去做最基本的建构——因为你面对的是一个个具体的学生。

（载《中国教师报》2011年12月7日）

总编七日谈

专业标准与教师专业成长

何谓专业标准？如果用通俗的解释，即"某一行业与其他行业区别的规则或根据"，是此行业区别于彼行业的特质。

每一个行业、每一种职业都需要自己的专业标准。近日，教育部研究制定了《幼儿园教师专业标准（试行）》（征求意见稿）、《小学教师专业标准（试行）》（征求意见稿）和《中学教师专业标准（试行）》（征求意见稿），在全国范围内公开征求意见。

这在教育领域无疑是一件大事，是一件喜事。按照官方说法，三个标准是国家对幼儿园、小学和中学合格教师专业素质的基本要求，是教师开展教育教学活动的基本规范，是引领教师专业发展的基本准则。在这里，我们特别要注意一个词——"基本"，是的，正是因为有了这三个基本，教师从而区别于医生，区别于警察，区别于其他行业。只有满足了这些"基本条款"，教师才能成为"合格教师"，才能正常开展教育教学活动，才能在专业上有长足发展。

长久以来，教师专业化与专业发展一直是教育理论界探讨的热点、难点。我们习惯了用泛化、感性的语言来描述教师这个职业，但如何用严格的、确定的、理性的语言来"定义"教师，实在少而又少。为什么我们现在的中小学教师队伍建设总体上还有些不适应，教师专业化水平没有达到理想状态，甚至一些教师出现了职业倦怠？究其根本，都与教师没有专业标准有着千丝万缕的联系。

当一个人对自己从事的专业都不了解，谈何专业自豪感，谈何工作积极性？长此以往，知识结构单一，视野狭窄，加上成长动力不足，这样的教师自己都不幸福快乐，如何把幸福和快乐传递给学生？

与别的行业相比，教师更需要自己的专业标准，因为教育影响的不是一代人，而是几代人，这也正是我们一直呼吁教师专业化发展的原因。而"三个标准"的出台，无疑为教师专业化发展提供了依据和准则。

办好教育关键在教师。而目前进行的新课程改革能否达到预期目标，关键也在教师。如果没有教师的正确实施，再完美的课程改革方案也只能是"纸上谈兵"。新课程的实施给广大教师带来了非常严峻的挑战，同时也给教师的专业成长提供了良好的机遇。而"三个标准"的出台，更是为教师专业成长提供了更为可行的要求和更为长远的目标。

面对教育改革发展的大潮，只有每一个教师真切地意识到自己的责权利，认识到自己所发挥的独一无二的作用，迸发出强烈的专业自主意识，才能真正成为合格的教师，进而成为"专业的教育家"，实现教育目标与理想。

（载《中国教师报》2011 年 12 月 14 日）

总编七日谈

德育的"融入"智慧

近日召开的全国中小学德育工作经验交流会上,教育部部长袁贵仁特别强调了把社会主义核心价值体系融入中小学教育全过程的方法论。

一直以来,我们习惯于强调德育的重要性,但德育陷于"空泛"的问题始终没有得到有效解决。德育不够贴近实际、贴近生活、贴近学生,没有充分考虑中小学生的认知能力和成长需求,更不用说形成一整套有衔接、有递进的教育体系。中小学德育必须从空泛走向充实,回到粗糙的地面上。

正如袁贵仁部长在会议上所说的四个"融入":把社会主义核心价值体系融入课堂教学全过程;把社会主义核心价值体系融入社会实践全过程;把社会主义核心价值体系融入校园文化建设全过程;把社会主义核心价值体系融入学校管理全过程。

融入,不是灌输;融入,不是强加;融入,不是被动。融入,是一种方法,是一种智慧;融入,意味着尊重学生的成长需要,尊重学生道德发展的内在需要。

传统的灌输式教育,手段僵硬,方法单一,把学生当作无条件地听话、顺从的人,压抑了他们独立个性与创造性的发展,在这一压制和封闭的环境中,教师单方面地输出,学生被动、机械地接受,至于接受了多少，理解了多少，生成了多少，是要打个问号的。在新课程改革深入推进的今天，在学生主体性发展愈来愈受到推崇的当下，"融入"愈来愈成为德育的关键词和主题词。

我们的教育需要柔软一些，我们的德育更需要柔软一些，从学生的需要出发，尊重学生人格，一切以学生健康成长为出发点和落脚点，不断创新德育路径，变"假、大、空、泛、虚"为"真、活、灵、小、实"，让学生过一种积极的、主动的、有意义的道德生活。

(载《中国教师报》2011年12月21日)

总编七日谈

做价值体系建设的主力军

日前,教育部印发了《幼儿园教师专业标准(试行)》、《小学教师专业标准(试行)》、《中学教师专业标准(试行)》,在全国范围内公开征集意见。随着征集意见最后日期的临近,"专业标准"愈来愈成为教师讨论的热点。

作为教育部学习宣传贯彻十七届六中全会精神的重点工作,作为加强和改进中小学生德育工作的重点工作,教师专业标准甫一出台,就受到了广大教师和教育工作者的高度关注。而在教育部师范教育司负责人的解读中,我们更注意到,本次教师专业标准特别突出师德要求,要求教师履行职业道德规范,增强教书育人的责任感和使命感,践行社会主义核心价值体系。

要想每一个学生成为"有道德"、"有文化"的人,毫无疑问,教师得首先成为那个"有道德"、"有文化"的人。作为学校推进社会主义核心价值体系建设的主力军,教师应该如何发挥自己的作用,彰显自己的价值,成为当前我们必须思考的问题。而从这个角度来看,《专业标准》的出台无疑是2011年岁末最"给力"的一件大事,它为教师的"道德建设"和"文化生长"提供了详细的目标和具体要求。

亲其师,方能信其道。与别的职业不一样,教师被赋予了更为厚重的意义，也因此，"德"成为这个职业的第一要素。教师面对的是成长中的孩子，教师的一言一行、一举一动，可以说，都对每一个学生起着重要的作用。因此，如何把社会主义核心价值体系融入学校教育，是对教师的重大考验。

尽管，我们的教师写出了厚厚的心得体会，尽管，我们的教师谈起核心价值头头是道，但是如何落实在教育教学的实践过程中呢？社会主义核心价值不是空中楼阁，需要每一位教师认真学习，努力领会，在理论上了解它，更要在行动中去落实它，把社会主义核心价值体系融入到自身的日常学习和工作中，内化为自身的价值观念、外化为一种自觉行动，如此，方能成为社会主义核心价值体系的实践者、传播者。

（载《中国教师报》2011年12月28日）

<u>总编七日谈</u>
新年新课堂

2012，如约而至。新年伊始，作为教育人，我们该以什么样的姿态回望过去的一年，迎接新的一年？如果用一个关键词来形容和总结过往，则"落实教育规划纲要"当之无愧。作为2011年全国教育工作的关键词、核心词，如何贯彻落实教育规划纲要牵动着每一个人的心。

2011年12月28日，十一届全国人大常委会第二十四次会议举行第二次全体会议。会上，教育部部长袁贵仁向全国人大常委会报告《国家中长期教育改革和发展规划纲要（2010—2020年）》实施情况，袁贵仁表示，纲要贯彻落实工作开局良好、进展顺利。

在这次会议上，教育公平、教育均衡、学生安全依然是大家关注的焦点。尤其是公平与均衡，正如袁贵仁所介绍的，有的大城市义务教育阶段择校现象依然突出，一些地方城镇"大班额"问题比较严重。在减轻中小学生过重课业负担的问题上还没有形成系统推进解决的合力。

如何解决择校问题，如何解决减负问题，这或许可以解释中国教师报为什么特别重视区域课改的原因。众所周知，一位好校长就是一所好学校，那么一位区域教育主政者的作用呢？他的作用可能更大，带动一批学校，振兴一方教育。尤其是在新课改背景下，作为一个区域教育发展的领军人物，担当着重要使命，承载着重大责任。是否支持课改，是否敢于课改，是否有课改行动力，越来越考量着每一位区域教育主政者的施政智慧和管理思想。

正是基于此，中国教师报在关注学校课改的同时，也把目光投向了区域课改。继《郑州变法》、《区域课改的"殷都试卷"》后，我们特别推出河北省邯郸市大力创建新课堂的大型报道。还记得两年前，邯郸由于推进义务教育均衡的典型经验和典型做法，获得"无择校城市"的赞誉，而今，这个千年古城并没有耽于过往的成绩，而是更深入一步，动起了"课堂"的脑筋，提出了"新课堂"的概念。

何谓"新课堂"？在邯郸的"1号文件"里我们看到，新课堂是区别于传统课堂的一个新概念。它是以教育教学规律和人才成长规律为遵循，以先进的教育教学理念和教育教学方法为引领，以基础教育课程改革和素质教育为导向，以学生自主学习和教师科学引领为手段，以实现教学效益和学生发展最大化为目标的课堂。

这是一种观念的转变，这是一个巨大的跨越。当区域教育均衡进入到课堂领域，从某种意义上，就是从"硬均衡"到"软均衡"的转变，是课改向纵深处发展的体现。因为，只有每一位学生在课堂上收获成长，收获幸福，区域教育均衡才能真正直抵人心。

愿更多的区域行动起来，愿更多的区域把目光投向课堂。它昭示着人们对教育公平、教育均衡的希冀与期盼。

（载《中国教师报》2012年1月4日）

<u>总编七日谈</u>

创新，永恒的话题

1月6日，2012年全国教育工作会议在京召开，为过去的2011年画上了一个完美的句号，也为今年的教育工作指明了前行的方向。

毫无疑问，深入贯彻落实教育规划纲要，依然是2012年最重要的工作。不仅如此，2012年也是我国发展进程中具有特殊重要意义的一年，为了十八大的胜利召开，所有教育人要以更加强烈的责任感和使命感，求真务实，锐意进取，不断把教育规划纲要贯彻落实工作推向前进。

如何达到这个目标，刘延东同志给出了答案：坚持育人为本，着力深化改革，促进教育公平，全面提高质量。正如教育规划纲要将优先发展、育人为本、改革创新、促进公平、提高质量当作工作方针一样。不管何时，改革和创新都是教育永恒的话题，也是促进教育改革向纵深处发展的动力源泉。

更进一步说，创新是素质教育的核心。为什么我们的教育培养不出创新型人才，众所周知，与应试教育模式有很大关系。长久以来，我们的教育不是以学生为主体，学生只是被动地接受知识，成为知识的容器。这种填鸭式的满堂灌的教育，导致学生死记硬背，目的是为了应付考试。这样的模式导致学习与实践脱节，知识与能力脱节，怎么能培养学生的好奇心和求知欲，培养学生强烈的创新意识？

新的一年，重提改革和创新有着更为深刻的意义。尤其是在岁末年初之时，我们更需要以革故鼎新的心态回望过去，展望未来。

曾有学者说，对创新而言，教育是一把双刃剑。它既能培育创新精神，又能压抑创新精神。而以创新为核心的素质教育，如何能与创新精神共生共赢，带给我们思考，更带给我们极大的考验。尤其是在今天，以创新为主题的各种论坛、各种会议比比皆是。从观念创新到体制创新，从策略创新到内容创新，从方法创新到评价创新……乱花渐欲迷人眼，可是"教育为什么要创新"、"教育创什么新"、"教育如何创新"的话题依然没有答案。

新的一年，让我们且行且思，行走在创新路上。

（载《中国教师报》2012年1月11日）

<u>总编七日谈</u>

课改：孩子快乐成长的抓手

根据皮亚杰理论，为孩子提供自由探索的课堂，能够激发学生的学习兴趣，促进孩子健康快乐地成长。

十年新课改，我们发现了一批新课改学校，它们改变了满堂灌的传统课堂，把课堂还给了学生，解放了学生的学习力。比如山东杜郎口中学，这里的每堂课都是学生展示的课堂，每堂课都是演讲课，每堂课都是书法课，每堂课都是体育课。孩子乐在其中，在这样的课堂上，没有一个厌学的学生。而且学生的考试成绩从课改前的倒数提升为全县的名列前茅。课改的实证经验显示，只要在课堂上激发了学生的学习兴趣，解放了学生的学习力，考试成绩只是副产品。

2012年是教育规划纲要贯彻落实的关键一年，是教改攻坚克难的关键一年，要让老百姓看到教改的信心，看到教改的希望，关键在于坚定不移地推行新课改。

诚如袁贵仁部长在给"为了孩子健康快乐成长"教育论坛的致信强调的，"现在的任务是如何积极稳妥地把改革推向前进。让孩子健康快乐成长，原则大家都同意，但付诸行动，还会有困惑：校长也不愿教师和学生压力太大，但升学率降低怎么办；教师也不愿让学生太苦，但学生成绩下降怎么办；家长也不愿让孩子太累，但将来上不了好学校怎么办。"

胡锦涛同志在全国教育工作会议上指出:"教育成效不应只看学生是否能准确填写标准答案,更要看学生的学习能力、实践能力、创新能力,看他们是否掌握了发现问题、解决问题的关键能力,看他们是否具备了高度的社会责任感。"温家宝同志也说过:"教育不仅要传授知识,更重要的是启发思维,培养学习思考能力。"

新的一年,新的学期,让我们的校长、我们的教师坚定新课改自主合作探究的理念,强力推进新课改,改变学生厌学的传统课堂,把健康快乐幸福还给学生。

(载《中国教师报》2012年2月8日)

总编七日谈

基础教育的新开始

距离 2012 年还有 3 天的时候,千呼万唤的义务教育阶段 19 个学科科目的新课程标准终于出台了。这是教育领域的一件大事,也是一件喜事。众所周知,课程标准是教师教学的主要依据。只有有了"标准"这杆秤,教师对"教学"才有底气,才能明白"教什么","怎么教"。

2001 年,《义务教育各学科课程标准(实验稿)》正式颁布,标志着我国第八次基础教育课程改革在全国范围内正式开展。10 年的改革实践中,极大地促进了一线教育工作者思想观念的转变,引导了教学改革和人才培养方式的转变,得到了中小学教师的广泛认同。应该说,新课程改革倡导的"以学生为本"、自主合作探究等理念已经深入人心。

那么,为什么还要继续修订课程标准,正如教育部有关负责人在回答记者提问时说的,随着改革的深入推进,发现了一些需要进一步提高与完善的地方。如有些学科容量偏多,难度偏大;有些学科具体内容体现循序渐进的梯度不够;相关学科、学段间的衔接有待加强等。而挖掘更深层次的原因,是因为我们要真正响应公众对教育的诸多期盼,去除不适应发展需要的体制痼疾,真正建立有中国特色、更加符合时代要求的基础教育课程体系。

为什么要课改?一言以蔽之,就是要改变应试教育的弊端,改变过去"教学大纲"规定过细过死的情况,改变过去教材"繁、难、偏、旧"的缺点。欣慰的是,这次新修订的课程标准朝着素质教育的方向又迈进了一大步,比如直接删去某些过难的内容,降低一些知识点的学习要求,低、中年级适当减少写字量,等等。

从"难"到"易",不仅仅是一个字的变化,更是真正从教育实际出发,从学生出发而作出的调整和变化。事实上,与很多国家相比,中国同等年龄的孩子在义务教育阶段要学的东西不可谓不多,以至于我们的小学生掌握的知识,相当于一些国家初中生掌握的知识。这是一种夸耀的资本?答案当然是否定的,看似牢固、丰厚的知识背后,是创新的匮乏、能力的欠缺乃至对学习的极度厌恶。

教育不是压抑孩子的天性,而是让他更为活泼、自然地生长;教育不是遴选优等生的敲门砖,而是为了让所有学生健康全面地发展;教育不是让孩子"苦读",而是让他真正在这里找到人生的方向。

新的学期,让我们沉下心来,重新出发,给孩子一个新的开始!

(载《中国教师报》2012 年 2 月 15 日)

总编七日谈

"减负",从自己做起

新课标,是增负还是减负?自从 2011 年 12 月 28 日,教育部正式印发了义务教育语文等学科 19 个课程标准(2011 年版),新课标已经不仅仅属于教育领域的专业话题,而成为社会的焦点话题。

原因很简单,教育涉及千家万户,关系到每一个公民的自身权益。因而,每一个人都在通过自己的视角来解读和阐释新课标。

于是,各种各样的观点出现了,尤其是大家都比较"了解"的语文学科,仅减少写字量这一方面,就有各种各样的看法。有的家长拍手称快,但有的家长开始担忧,写字少了会不会导致提笔忘字,背诵篇目增加会不会加重学生的负担?

由此,我们可以感受改革的不易。事实上,新课程改革推进的 10 年,亦是在争议、摸索、突破中不断前行,直至有了今日的成效。当改革走到 10 年的节点,我们需要重新审视自我,突破原有的局限,重塑新的教育体系。而这项大工程,不仅仅是教育一个部门就能完成的,更需要家长、社会各个方面的鼎力支持与配合。

正如袁贵仁部长在日前接受新华社记者采访时所说的,要改革对学校、教师和学生的评价制度,建立学生课业负担监测和公告制度,严禁向学校下达升学指标,严禁以升学率对地区和学校进行排名,还要争取家长及社会的共识和支持，真正把孩子不必要的学习负担减下来。

减负，不仅仅是教育行政部门、学校和教师的责任，也是家长和社会的责任。一位美国家长曾这样提到，孩子刚进幼儿园，老师就给每个家长发了一份备忘录，以孩子的口吻提醒父母，让为人父母者站在孩子的角度去看问题。"要想知道孩子眼中的世界是个什么样子，首先要蹲下来，从孩子的高度去看世界。"

反观我们的教育、我们的家长、我们的社会，是否蹲下来，从孩子的高度去看世界，以孩子的视角思考世界，用孩子的心灵体察世界？遗憾的是，教育界没有做到，家长没有做到，社会更没有做到。不仅如此，这三者之间还经常互相指摘、抱怨乃至推诿责任。

减负，不是口号，而是行动；减负，不仅是精致的理论，更是科学的规划和设计；减负，需要所有人的共同努力！

（载《中国教师报》2012年2月22日）

总编七日谈

关注教育的起点公平

每到开学时节,很多地方总会开通有关"教育乱收费"的热线电话,投诉者不在少数,相关新闻也往往能登上各大媒体的重要版面。

毫无疑问,在众多的教育乱收费中,择校乱收费不仅仅是其中的热点,更是投诉率居高不下的焦点。尤其是近几年,择校乱收费的数额之高更是令人叹为观止。

为什么这股择校乱收费的风就这么难刹?应该说,我们也做出了诸多努力。在法律上,《义务教育法》明确规定"适龄儿童、少年免试入学。地方各级人民政府应当保障适龄儿童、少年在户籍所在地学校就近入学"。在政策法规上,教育部、财政部出台的各种通知不可谓不多,尤其是最近教育部、国家发改委、审计署联合印发了《治理义务教育阶段择校乱收费的八条措施》,更是要求地方各级教育行政部门把治理择校乱收费工作摆在重中之重位置。

其实,原因还是出在区域教育均衡这个老问题上。一个区域内,有重点校、实验校,有普通校、薄弱校,办学条件、办学水平存在着较大的现实差距,家长自然想把自己的孩子送往条件较好、水平较高的学校。

当人民群众不断增长的对接受良好教育的需求与供给产生了矛盾,

我们能做的就是大力推进义务教育均衡发展，改造薄弱学校，缩小校际办学条件和水平的差距。

但更需要提醒的是，在现今"择校风"泛滥的背后，还有"择班"、"择师"的隐忧。这已经对目前的区域教育均衡提出了更为严峻的挑战。

从区域教育均衡到校际均衡，从校际均衡到师资均衡，从师资均衡到班级均衡，层层递进的关系环环相扣，成为我们推进教育均衡必须把握的关键要素和突破口。这都需要政策的制定者和设计者必须从实际出发，不能"大而化之"，真正做好政策规划和配套措施的推进。

教育无小事，教育公平更无小事。让我们把更多的目光投向教育均衡领域的细节与局部，如此才会有教育的起点公平——让同在一片蓝天下的孩子享受同样优质的教育资源。

（载《中国教师报》2012年2月29日）

总编七日谈

雷锋精神，永不褪色

雷锋，一个时代的印记。

1963年3月5日，《人民日报》发表毛泽东的题词："向雷锋同志学习。"从此，全国迅速掀起了一个学习雷锋精神的热潮。

半个世纪过去了，雷锋——这个普通战士依然是13亿中国人耳熟能详的"偶像"，或者说，他已经成为一种符号，深深扎根在人们的心灵深处。

时至今日，在喧嚣的商品经济大潮中，人生观、世界观、价值观受到前所未有的冲击，不知从何时起，雷锋这个符号变得越来越"单薄"，越来越"边缘"。进入21世纪，当偶像已经被异化，再提雷锋似乎已经落伍了。

于是，出现了这样一种现象。一方面，是整个社会在"小悦悦"等恶性事件之后对善良、温情的期盼，一方面却又在戏谑、消解主流文化价值观，在嘲讽"正统"中获得一种精神狂欢。为什么会这样，是我们的民族"生病"了？是我们的信仰"缺失"了？是我们的精神"荒芜"了？

但总有一些人、一些事，给我们以希望和感动。全国道德模范郭明义、"感动中国"白方礼老人、"最美妈妈"吴菊萍，他们是最普通、最平凡的一群人，但就是他们，或在关键时刻挺身而出，或几十年如一日，默默无闻地做着好事。他们的事迹照亮了人性的天空，为我们的信仰涂上最温暖的一抹亮色。

这些人，就是"雷锋式"的好人。不用刻意拔高和神化雷锋，其实，用一种最朴素的语言来表达，雷锋精神就是好人精神。

哪个社会不渴望好人？不渴望乐于助人的人？不渴望挺身而出的人？而在雷锋身上，我们看到了。这也正是半个世纪之前，我们为什么要大力宣传这样一个普通而特别、平凡而伟大的人物。因为雷锋是可以学习的，也是能够学习的。他是一个国家的普通公民，更是这个国家的优秀公民，他有强烈的爱国意识、责任意识、参与意识。他把人生的意义定义为"我觉得要使自己活着，就是为了使别人过得更美好"，他认为幸福是"自己辛苦一点，多帮助人做点好事"。

每个人都可以成为好人，每个人都可以是雷锋。从这个意义上说，雷锋精神，永不褪色。

（载《中国教师报》2012年3月7日）

总编七日谈

走好改革每一步

京城的冬末仍然寒风凛冽,但人们的心中却是暖意融融,尤其是2012年政府工作报告中有关教育的论述,更让人看到教育的春天已经到来。

"中央财政已按全国财政性教育经费支出占国内生产总值的4%编制预算",当温家宝同志铿锵有力地说出这段话,让为之奔走呼吁多年的两会代表和委员欢呼雀跃,更让中国教育有了底气和干劲。

国家多次提出"优先发展教育",如何"优先"?首先应该有财政保障和支持。众所周知,经济对教育有基础作用、保障作用、推进作用。自从1993年将"逐步提高国家财政性教育经费支出占国民生产总值的比例,本世纪末达到4%"写入了《中国教育改革和发展纲要》,人们对于"4%"何时实现,一直翘首以待。

每年的"两会",有关4%的提案一直不绝于耳,有关4%的质询一直声声不断,从上至下,从代表委员至普通百姓,都对4%高度关注。两届全国政协委员、北京航空航天大学原校长沈士团为此呼唤了多年,从青丝到白发,由此得了一个美名——"4%专业户"。

今年,这个难题终于得到了破解,政府用自己的行动证明了教育的优先地位。从曾经的"人民教育人民办"到如今"发展教育是政府最重要的公共职责"，政府越来越清晰地明白自己的定位，越来越明白，只有加大教育投入，才能给整个国家、整个民族一个光明的未来。

而从另一个方面来说，只有教育得到充分发展，它才会对整个经济的发展产生强大的支持作用、促进作用、创新作用。很多发达国家已经用铁一般的事实证明了这一点。由此，我们联想到著名的"钱学森之问"，现在国家缺什么？缺的是人才，优秀的人才是一个国家创新进步的原动力。而人才通过什么获得？就是通过教育。只有教育，才能提高人的各项素质，使人获取知识和技能，让一个潜在的劳动生产力变为真正的生产力。

如今，教育改革已经进入深水区，如箭在弦上，教育改革正成为教育发展的根本动力。

教育要发展，根本靠改革。4%实现之后，让我们重新出发，解放思想，在教育的春天，走好改革进取的每一步。

（载《中国教师报》2012年3月14日）

总编七日谈

公平正义比太阳还要有光辉

"公平正义比太阳还要有光辉",这是2010年温家宝同志在回答中外记者提问时的一句话。此言一出,立刻成为国内各大媒体的头号标题。

2012年的"两会",这句标志性的话语再次出现,谈到几年来政府为实现社会的公平正义做的工作时,温家宝同志专门提到了教育,"在教育上,我们实行了九年免费义务教育,对农村的孩子上职业学校实行免费,同时对大学和农村高中阶段的教育实行奖助学金制度,对困难地区农村寄宿制学校学生给予补贴",在温家宝总理看来,"这些都是朝着公平正义迈出的具有制度性的步伐"。

公平,教育,正义,这三个词放在一起,从一位大国总理的口中说出,让我们看到了一种希望和信心。教育公平是社会公平的底线,正是因为相信"知识改变命运",相信"教育改变人生",无数的孩子怀揣对知识的兴趣,来到学校,来到课堂,开始了他们学习的生涯。

对于偏远地区的孩子来说,教育的重要性如何强调都不为过,教育是一扇窗户,教育是坚强的臂膀,教育更是通往大千世界的桥梁。不管这个学校外表多么寒碜,这间教室设备如何简陋,当梦想照射进来,它就是幸福的,温暖的,愉悦的。

人,生而不平等,这是不可改变的现实状态,但我们却追求,通过教育,通过知识,让人人平等。这个奋斗的历程,可能是艰辛的,但却是痛并快乐的。

从十六大以来,教育公平一直是总理政府工作报告的重点词,从2004年提出西部"两基"攻坚计划,2005年农村家庭经济困难学生"两免一补"政策,2006年农村义务教育纳入公共财政保障体系,2007年提出保证农村的孩子上得起学、上好学,2008年全面实行城乡免费义务教育,对所有农村义务教育阶段学生免费提供教科书,2009年义务教育教师实行绩效工资……直至今日,教育的弱势群体永远是政策关注的重心。

当然,我们都深知落实和执行的艰难和不易。当公平和正义不仅仅挂在嘴边,当公平和正义变为一个个政策和规划,落实在各级地方政府的具体制度里,当公平和正义变为一笔笔资金,投向干涸的偏远农村和西部地区,我们期待着,教育的不公日趋减少,教育的纯洁能够得到最大程度的维护。

而要实现这个目标,正如温家宝同志所言,这"必须有人民的觉醒、人民的支持、人民的积极性和创造精神,这不是一件轻而易举的事情,但是改革只能前进,不能停滞,更不能倒退,停滞和倒退都没有出路"。

(载《中国教师报》2012年3月21日)

总编七日谈

珍爱每一个生命

2012年3月26日是第17个全国中小学生安全教育日。

生命不保,何谈教育,是教育人的共识、常识,但这个共识、常识却因为一些突发事件、紧急事件乃至恶性事件而屡屡遭到挑战。

教育部部长袁贵仁曾说过,一个没有安全保障的学校,绝对是一所不合格的学校。一个不具备安全意识的老师,绝对是一个不称职的老师。

但为什么,安全教育却不能深入到每一所学校、每一位老师甚至每一位家长的心里?

说我们不重视安全吗?似乎不是这样,每年上级机关都会下达各种各样的要求,每年学校都会再三强调安全的重要性,很多校长、很多班主任老师24小时不关机,害怕听到的就是关于安全的事儿,他们时时刻刻在绷着安全的弦!说他们不重视安全,那是对他们工作的一种亵渎。

那么,我们重视安全吗?从媒体"爆炒"的各种报道里,从每次事故之后的反思里,从沉默的大多数的眼睛里,我们看到、听到、感觉到,安全教育还远远没有得到足够的重视。有时,安全教育只是一种摆设;有时,安全教育只停留在文件里;有时,它只是在安全教育日才会被反复提起的一个名词。

2007年年初，教育部就2006年全国中小学安全事故总体形势发布分析报告。这是第一次以报告的形式分析全国中小学的安全形势。报告显示，溺水事故、交通事故、自然灾害成为影响中小学生安全的三大杀手。而这三大杀手，我们已经在各种各样的惨痛事件中得到了证实。

每一个冰冷的数字背后，都是一个鲜活、可爱的生命，每一个单调的数字背后，都是一个破碎、悲伤的家庭。校园安全，从某种意义上，怎么重视都不为过。校园安全大于天，校园安全重于泰山，当这些语句从我们的口中说出，它代表的是一种承诺，更是一种誓言。

安全，不只是说说而已，我们需要的是，真正深入人心的安全意识，真正扎扎实实的安全行动，真正行之有效的安全制度。

生命只有一次，珍爱每一个生命，这是我们应当必须共同遵循的教育准则。

（载《中国教师报》2012年3月28日）

总编七日谈

提升学生的思维能力

思维能力和水平决定着一个国家和民族的高度，如何培养学生的思维能力和水平应引起教育界的高度重视。

前几天，我参加了华东师范大学张际平教授、刘濯源研究员主持的"思维可视化技术与学科整合的理论和实践研究"课题研讨会，颇受启发。

如何改变课堂教学中的学生苦学厌学、教师苦教厌教，改变"满堂灌"和"填鸭式"教学，让学生在学习中激发兴趣，体会到学习乐趣，锻炼思维能力，让学生感觉到越学越会学，越学越愿学？从认知思维科学入手，解决新课改推进中学生自主学习环节的效能和质量问题，是一个可取的方法和途径。

由此，我想到了我们一直提倡的高效课堂。它在课堂环节具体表现为自学、展示、反馈。在自主、合作、探究的课堂教学中，学生自主学习的深度、力度、效度，直接决定了展示环节的质量和效果，也决定了课堂教学的效果。启迪学生的思维能力是打开学生学习兴趣的一把钥匙，也是提升学习质量的好方法。

培养学生的创新精神、创新能力，应该从培养学生的思维能力、思维水平入手。为什么我们出不了乔布斯式的人物，恐怕与我们的思维方式有关。

谈起思维能力和水平，有一个例子值得深思。某外企到中国招聘几十名研发人员，当时有几百名博士前来应聘，经过层层选拔，进入面试环节的有 40 名。但最后该外企只选用了两名。为什么会这样？外企负责人坦承，考察下来，他们发现面试的学生都是同一个水平、同一种思维方式，之所以选用两名，还是考虑到中国的市场比较广阔。几百个人，竟然都是相同的思维方式，由此可见我们在培养学生思维能力方面的欠缺。

培养学生的思维能力，应该从娃娃抓起。好奇心、求知欲和展示欲是儿童的天性。课堂教学应从儿童的天性出发，从孩子的问题出发，在满足孩子的好奇心、求知欲、展示欲的心理活动中，启迪孩子的思维和智慧，提升孩子自主学习的思维能力。

（载《中国教师报》2012 年 4 月 4 日）

总编七日谈

回归孔子的教师身份

4月11日，教育家孔子离开了他的三千弟子，被葬于曲阜城北泗水之上。

此后的2500年里，因为各种需要，他的光环越来越大，人们不吝以各种溢美之词来称赞他，当然，也有不少诘难随之而来。

今天，我们如何看待孔子，如何看待孔子的教育思想？这个话题，可能几天几夜都说不完，但我却想到了另一个问题，抛却各种尊号、谥号，让我们回归孔子的教师身份，看这位"中国首位全职教师"如何教学生。

比之后世一些生硬、艰涩的解读，孔子和学生的交流和互动显然更生动、更活泼、更有趣，同时也给后世留下了很多简单却意味隽永的启示。比如有教无类，比如因材施教，比如不愤不启，不悱不发……

由此想到当前的基础教育，常听到很多教师说现在教学如何如何之难，现在学生如何不好管理。为什么会这样，进一步深问下去，教师答曰：一个简单问题，在课堂上讲三遍五遍，居然还有学生不会。

是哪里出了问题？当教师在课堂上侃侃而谈，不厌其烦讲授的时候，他是否就是一个称职的教师、一个好教师？当教师对学生颇多抱怨的时候，他是否做到心中有学生？对所有学生有教无类，一视同仁？

尤其是因材施教，更是难点中的难点，这里既有教师的观念问题，也有教学方法的失误。

历史的长河不断向前，对照2500年前的孔子，现在的我们是教育创新的"新一代"，还是墨守成规的"守旧者"？答案不言自喻。

当然，很多老师会说，"因材施教"谁不会，早已烂熟于心了。是吗？让我们回溯一下这条原则的具体做法：第一，深入了解学生，掌握其特点；第二，因人而异，顺势利导；第三，引导学生发挥特长，让优者更优，让弱者不弱。

扪心自问，我们是否真的做到了这三点？正如法国思想家卢梭所说："真正的教育不在于口训，而在于实行。"当一些学校整天把孔子放在嘴边，当一些学校把学习《论语》经典当作特色，当一些学校不加分辨地崇拜古代传统文化，我们是否要重新审视过往，回溯历史，真正对孔子有更为深刻的理解？

我想，这才是对孔子最好的纪念。

（载《中国教师报》2012年4月11日）

<u>总编七日谈</u>

追求生命的绿色

人们，通常会为一些所谓的"常识"所困惑乃至束缚。

比如新课程改革已经进行 10 年了，我们依然没有走出考试尤其是高考的瓶颈。比如我们把素质教育与应试教育对立起来，认为两者之间的关系是有你无我，有我无你。比如我们认为课改是农村学校、薄弱学校的事情，与城市学校尤其是重点学校没有关系。

与新课程改革推进伴随而生的，就是这样那样的"常识"，提及课改，每一个人便会用各种各样这样的"常识"来作为不改的理由，对眼前的危机假装视而不见，似乎不改革，一样可以舒舒服服地走下去，过一种安详、宁静的教育生活。

是这样吗？现实远非如此。

湖南湘潭湘机中学学生晚自习集体焚书，湖北京山一中学生焚书，不知从何时起，考生在考试尤其是高考结束后，有了以撕书来庆祝考试结束的举动，这种在民间流传的"草根习俗"，真可谓是教育的悲哀。

我们是否应该责备学生？他们撕的不是书，而是在表达对学校、对知识的一种"愤怒"，正如他们对 3 年乃至 4 年高中生活的形容——"不是人过的日子"、"炼狱一般的生活"。

我们是否应该责备学校？他们也有自己的无奈，教师和校长同样期待学生成才,他们是传道授业者,他们中的很多人同样不轻松,一样和学生疲惫地挣扎在应试教育的重压之下。

我们是否应该责备家长?他们含辛茹苦地把孩子抚养长大,把自己的希望寄托在他们身上,期待他们一朝鱼跃龙门,考入大学。

怎么办?改革是唯一的办法,唯一的路径。而高中——基础教育的最高阶段,更应该成为教育改革的重点和中心。

正如一位高中校长所说:"如果高中都课改了,其他年级和学段更没有不改的理由。"

我们应该打破所谓的"常识",走出"问题"的束缚,闯出一条新路。基于此,中国绿色高中共同体诞生了,9位高中校长庄严宣誓:"教育,原本有更幸福的行走方式。"

这是一个充满生机的世界,这是一个绿色的世界,当我们追求生命的绿色的时候,我们的孩子,我们的学生,更应该拥有绿色的教育生态,拥有快乐的3年高中生活。

这是一种责任,箭在弦上,迫在眉睫!

(载《中国教师报》2012年4月18日)

总编七日谈

教育局长的责任

人们常说,一个好校长就是一所好学校。人们也常说,教育发展的关键在于教师,择校就是择师资。但一则新闻印证了还有一种角色对教育也很重要。

日前,人民网一则《"双高"官员主政北京区县教育》的新闻引起了一些人的关注。该新闻介绍说,在北京市16区县和燕山地区现任教委主任中,一半以上的人拥有高学历。而一位学者对此评价为这是一种很好的趋势,适应了国家中长期教育改革和发展规划纲要的要求。

如果说,校长的素质决定着一所学校的走向、发展、好坏,那么从这则新闻中,可以看出教育官员尤其是区域教育主政者,对一个地区教育发展的重要性。

那么,区域教育主政者的责任是什么?他是当地的教育行政决策者,对当地的教育发展有全面规划、实施和评估的义务。更重要的是,区域教育主政者的责任,是转变自身行政职能,基于本地区的实际情况,将教育改革进行到底。正如教育部部长袁贵仁曾说过的,教育改革已进入深水区,许多问题没有现成的答案,需要在科学调研的基础上做到科学决策、科学执政,更加自觉、更加坚定地推进教育改革创新。

如何做到拥有改革的勇气和决心,将改革进行到底?当然是需要有丰厚的专业工作经验，这种经验来自主政者对教育多年摸爬滚打的熟稔和了解，来自主政者对教育功能和作用的深刻认识，来自主政者对教育理论和政策的把握，来自主政者对教育规律的遵循……

所以，教育局长不好当，这是一个"高危"职业，拥有着有限的权力，但却承担着无限的责任。教育局长是高空走钢丝的人，是戴着镣铐跳舞的人，尤其是在不断增长的教育需求面前，在深化课程改革的形势面前，更需要一种勇气，一种责任，一种智慧。

令人欣喜的是，总有一些教育局长在行动，在创新，在执着地将改革进行到底。而这也正是中国教师报定期召开全国教育局长峰会的原因，我们希望发现更多的勇于改革的区域教育主政者。

"课堂承载希望，教育成就未来。"为了未来，让我们期待更多的改革者和前行者。

（载《中国教师报》2012 年 4 月 25 日）

<u>总编七日谈</u>

以课改实现教育均衡

春天到了，不仅万物勃发，人们的思想也在蓬勃生长。

2012年4月27日，由中国教师报与郑州市教育局共同主办的郑州市"区域课改样本"观摩会暨第二届全国教育局长峰会在中原腹地拉开大幕。

这是一次教育思想的盛宴。参会的500多位教育局长不仅在聆听别人，也在思考自身。教育该走向何处，教育品牌如何打造，教育特色如何铸就？

就在这一会议召开的前两天，教育部等七部门发布了《关于2012年治理教育乱收费规范教育收费工作的实施意见》。意见特别指出，建立健全推进义务教育均衡发展的责任机制，对中心城市的择校热点地区和学校要个别指导、跟踪监督，进一步加大对困难地区和城乡薄弱学校的扶持，均衡配置义务教育资源。

区域课改，乱收费，看似本不相关的两个词语，因为教育均衡这个古老的命题而联系在一起。

为什么在义务教育阶段会有择校乱收费、教辅乱收费？从源头追溯，还是因为我们的教育资源分配失衡，不仅仅是同一个省份，同一个市县，就是同一个小区域，也把学校分成三六九等，资金投入、师资分配和政策导向各不相同，这样的制度安排如何不让家长择校，怎能不产生择校乱收费？

更严重的是，一些传统名校、实验校，为了巩固自己的"江湖地位"，盲目追求高升学率，不惜死揪硬逼，采取"加班加点加码"的方法，加重学生的学习负担，各种各样的教辅材料满天飞，最直接的目的只有一个——"学会考试，考上大学"。

这就是我们教育的作用和目的？

当然不是，我们期待的教育，是均衡的，是公平的，是绿色的，是充满生机的，是让学生充满回味，感到幸福的，而不是提起教育，提起学校，就充满了愤恨、压抑和苦闷。

要想真正达到教育均衡，绝非一朝一夕就可以完成，但有一件事迫在眉睫，不得不做，就是区域课改。

区域教育改革，要敢于触动核心问题，要敢于在课堂这一微观领域做大文章，要敢于进行课堂教学改革，要敢于抛弃过去那种"汗水+泪水"的应试教育做法，从小组均衡做起、班级均衡做起，进而实现整个教育的公平和均衡。

从这个意义上来说，教育均衡不是梦。

（载《中国教师报》2012年5月2日）

<u>总编七日谈</u>

怀念五四

93 年前，一场轰轰烈烈、风云激荡的运动改变了中国历史。

五四运动，一场伟大的思想解放运动，一次深刻的新文化运动，其中孕育的爱国、进步、民主、科学的"五四精神"，是遗留给我们宝贵的精神财富。

对教育人来说，五四运动改变的不仅仅是政治、经济的大环境，还有整个教育生态。随着民主与科学思想的传播，民主主义教育与科学教育对当时的教育内容、方法、制度等提出了新的要求，推动了当时教育思想的重大变革。

而其中最大的一个变革，当属"发现儿童"。"五四"期间，杜威、罗素的教育思想在中国广为传播，受了几千年压抑的中国人，开始第一次重新审视教育，审视儿童，审视自我，第一次把教育的重心由成人转向儿童，把教育的本位由社会转向个人。

受到儿童中心主义影响，蔡元培提出了"尚自然"、"展个性"的教育主张。1922 年颁行的《壬戌学制》更是提出，制定学制必须与儿童身心发展规律相联系。

由此，以儿童为本位的教育思想逐渐成为主流。不仅如此，在小学教学方法上，五四之后的教育界形成了一个研究和改革的小高潮，当时的教育学者提倡用启发式教学代替传统的注入式教学。各种各样的教学流派纷纷诞生，比如自学辅导法、分团教学法、设计教学法等等。

毫无疑问，那是一个百家争鸣、百花齐放的时代。人们怀着改变中国命运的宏愿，抱着救国图存的热忱，企图通过教育，来创造和产生更多的新生命、新希望。

而今，我们依然处于一个教育大变革的时代，教育的使命依然任重而道远。我们的教育还没有把"发现儿童"贯穿始终，没有把"人本"镌刻在教育文化的底座上，没有真正全面地实施"启发式教学"……所以，爱国、进步、民主、科学的"五四精神"，在今天不仅没有过时，还应迸发更为绚烂的光辉，激励人们为新一轮的教育改革贡献心力。

五四，一个特别的日子，一个属于青年人的日子，但如何传承与弘扬五四精神，不仅需要青年深思，更需要每一个人深思。

（载《中国教师报》2012年5月9日）

总编七日谈

师道改变世道

有一种爱，平时缄默无语，但在危机时刻却迸发出惊人的光芒。

张丽莉，一位普通的中学语文老师，在灾难降临的一刹那，下意识的一个举动，震动的不仅仅是家长和学生，还有这个浮躁的世界，浮华的人心。

曾几何时，"师道尊严"不再被人提起，面对屡见报端的"有偿家教"，人们对"教师"这个太阳底下最光辉的职业有了别样的看法。为教师"振臂一呼"，得不到一种响应，反而会被"另眼看待"。真的吗？我们的教师真的已经走下"圣坛"，我们的教师是否仅仅把"教学"当作谋生的工具，我们的教师是否担得起"灵魂工程师"的美誉……

世纪交替的年代，各种文化泥沙俱下，鱼龙混杂，各种各样的"国民病"此起彼伏，但人们似乎找到了世道败落的替罪羊。师道不存，人心坏了，所以世道亦不存。

其实，"师道"一直存在，存在于每一个普通教师的心中，深深镌刻在他们灵魂的深处。

每天，他们如最普通的上班族一样开始工作，不外乎备课、讲课，课外活动，布置作业。他们看上去与普通人并无两样，他们一样有着喜怒哀乐，他们一样会抱怨工资太低，保障不够，他们是生活在我们周围的凡夫俗子……但在一些特别的时刻，这些凡夫俗子的行为和举动却不那么普通，不那么平常，它们昭示着道德的力量。

于是，有了"最美女教师"张丽莉，于是，有了"5·12"汶川大地震中的"英雄教师"群像，于是，有了"感动中国"的乡村女教师……他们都是普通人，在灾难、危害没有降临的时候，他们默默无闻，兢兢业业，在尽一个教师的本分和职责，灾难、危害一旦降临，他们的"爱与责任"立时显现，放射出光芒万丈。

这是一种道德的力量，这是一种信仰的力量，穿透贫瘠苍白的人心，种下温暖和信任的种子，给予我们以希望。

1000多年前，韩愈曾发出这样的哀叹："师道之不传也久矣！"今天，我们要说，"师道"不仅存在，而且正改变着人心，改变着世道。这，就是教师的力量。

（载《中国教师报》2012年5月16日）

总编七日谈

师德凝聚人心

这些天，一个普通的名字在广为流传，一个普通教师的病情牵挂着千千万万的人。张丽莉，普通平凡的黑龙江省佳木斯市第十九中学教师，用自己的大爱，唱出了师者的灵魂之歌。

道德的力量有多大？我们谁都无法想象。

但在多元文化相互碰撞、各种价值观纷现杂陈的今天，再重提道德，似乎成为一种乌托邦，似乎只是善良人士的一厢情愿。你道德了，他不道德，怎么办？道德能当饭吃吗？道德到底是个什么东西……

可是，道德却让人心生敬仰。康德曾说过："有两种东西，我对它们的思考越是深沉和持久，它们在我心灵中唤起的惊奇和敬畏就会日新月异，不断增长，这就是我头上的星空和心中的道德定律。"

每个人都期盼生活在一个道德社会，如此，才会有最基本的信任和保障。可是，在很多时候，人们在期待对方"道德"的同时，自己却做着"不道德"的事情。

当诚信的缺失、道德的滑坡已经到了严重的地步，当我们在喋喋不休抱怨别人的同时，是否考虑过，自己为国家的文明和道德做出过什么？贡献过什么？

从这个意义上说，张丽莉的行为弥足珍贵，在那个千钧一发的时刻，她没有考虑更多，而是把学生推向安全，把危险留给自己。

教师有师德，医生有医德，各行各业都有着本行业的职业道德标准。但师德和医德的重要性远远超出普通行业。有人这样说过，师德和医德是整个社会道德的底线，因为他们一个教化人的灵魂，一个救治人的身体。如果人的身体和灵魂都得了病，整个社会将不可想象。

而比起肉身上的病痛，灵魂上的病痛更加刻骨铭心。所以，比起其他行业，教育更需要灵魂的铸造、道德的关照，教育更需要千千万万个像张丽莉这样"有道德"的教师，教育更需要无数个"有道德"的我们。正如温家宝同志所说："一个国家，如果没有国民素质的提高和道德的力量，绝不可能成为一个真正强大的国家、一个受人尊敬的国家。"

（载《中国教师报》2012年5月23日）

总编七日谈

回到纯真年代

"六一"就要来了,这是孩子们的节日,但另一些"大孩子"似乎高兴不起来。

因为,"六一"来了,高考还会远吗?

"六一"是与童年有关的,它是五颜六色,是多姿多彩的,它更像是一个美好的梦,在人们的记忆中永远留存,直至多年后依然鲜嫩如昔。

但是,近几年提"六一",却有了一丝沉重的意味。在家长和社会的殷切期望中,成长的压力正在越来越投射在"00后"一代身上。

去年,由百度搜索风云榜的数据绘制的"六一"搜索趋势图显示,与传统印象中自由欢愉的儿童节不同,曲线中排名最高的几个关键词均与单纯意义的"玩乐"无关,而是与学校组织的各类文艺演出活动有关。这是成人世界的"紧张状态"在孩子世界的投射,从一个侧面反映了中国孩子尤其是城市孩子的成长状态。

我们的孩子变得越来越"成人化","六一"于他们而言,不是自由地戏耍,不是草地上的奔跑,而是各种各样的庆祝晚会和表演。而在不是"六一"的日子里,他们的时间被各种培训班和补习填得满满的,"不让孩子输在起跑线上"成了很多父母的口号,各种"虎妈"、"狼爸"成了一些家长心中的榜样。

当幸福成长变得越来越"虚无",孩子们又将如何迎接此后漫长的中学时代?当学习于他们变得如此繁琐、劳累、辛苦,他们又将如何度过此后的无数个45分钟?当生活变得单调、乏味、枯燥,他们又将如何看待成长,看待自己,看待人生,处理周遭的事物关系?

这是一连串的恶性循环。因为我们有了不快乐的童年,所以有了不快乐的少年、不快乐的青年、不快乐的中年、不快乐的老年。

这应该是一个关于成长的良性循环。因为我们有一个快乐的童年,在收获知识的同时,也收获着友谊,收获着幸福。即使面临着中考、高考的压力,但我们毫不惧怕,把它当做成长道路上的一种经历,信心满满。成长的过程,固然有挫折、遗憾,但更多的应该予人以信心和希望。

如此,高考才不再是黑色的,学生才不会以"撕书"来庆祝高考的结束,更不会以各种极端的方式来表达对学校的不满。如此,在很多年回想起求学时代,人们才不会只联想到"压抑"、"痛苦"之类的词语。

回到"六一",回到纯真年代,让我们的教育多一点"童真之气",少一点"丛林法则"。

(载《中国教师报》2012年5月30日)

总编七日谈

走入"后高考时代"

正如美国《纽约时报》所说的:整个中国都在为高考做准备。而伴随着高考的结束,所有人都松了一口气。

当人们进入"后高考时代",诸多问题也接踵而至。

由于距离高考成绩揭晓还有一段时间,很多学生陷入"彻底放松"的状态,放纵狂欢者有之,茫然无措者有之,情绪低落者更有之。于是,有人甚至将其归结为"考后综合征",好似没有了"高考"这根紧绷的弦,大家一下子不知道该干什么了。

"高考一考完,三年就熬到头了。"面对这样的说法,我们感到无奈且悲凉。无奈的是它切中了高中三年的实质——为高考备战。悲凉的是它将高中教育简单化、功利化。

当然,可怕的不仅仅是茫然和狂欢,还有每每挑战我们神经的那些恶性事件。比如新疆乌鲁木齐某复读女生高考失利跳楼身亡,总有这些血淋淋的事件提醒我们,高考这柄"达摩克利斯之剑"一直悬在我们头上。

如何避免此类事件的再度发生?如何让孩子安安稳稳度过"后高考时代"?如何让我们的教育从容一些、淡定一些,不那么着急匆忙?

十年树木,百年树人。每个人都可以把这些话放在嘴边,但为什么一些地方和学校，一些教育官员、校长和老师，却变得如此着急？他们恨不得一夜之间所有的学生都考上清华、北大，他们急匆匆地把知识嚼烂了喂给孩子，唯恐孩子吃得太少，他们把学生圈养在一个固定的地方，24小时严盯死守，唯恐他们"学坏"了。

这样的重压之下，孩子的心理压力可想而知。"后高考时代"的悲剧只是教育焦点问题的具体投射和反映。从某种意义上说，很多教育的问题，不仅仅在高考期间需要面对，更需要在日常的教育教学中予以回答。

如此，方能有教育的正常生态、绿色生态。

让我们谨记，高考，不仅仅是一个考试，从考前到考中，及至漫长的考后时光，我们必须用极大的耐心和勇气来抚平孩子内心的焦虑和伤痛。高考，不仅仅是有关知识的考试，更是对心理素质的极大考验。教师不仅要教会孩子学会考试，更要让孩子用一种平和的心态面对此后的人生。

如此，才是真正的教育。

（载《中国教师报》2012年6月13日）

总编七日谈

教师的灵魂

"灵魂工程师"的"灵魂"是什么?

一场报告会或许会给我们以答案。

2012年6月20日,教书育人楷模先进事迹报告团宣讲活动在京启动。

清华大学博士生导师孙宏斌,已故南昌大学教授石秋杰生前同事焦晓燕,天津电子计算机职业中等专业学校教师徐英杰,浙江宁波达敏学校校长刘佳芬等人的报告,让听者动容,观者流泪。

他们中间,有大学教师,有特殊学校教师,有中专学校教师,但有一个共同的身份:教师。这个共同的身份让他们提起教育就充满感情,提起学生就满怀欣喜。

"教书育人要有激情。"孙宏斌如此说,在学校上百人的大课上,孙宏斌经常走下讲台,与学生互动,走到学生中去。有人帮他统计过,一堂课下来,他平均在阶梯教室,上下约20个来回,折合约1公里。

在同事的回忆中,石秋杰上的"物理化学"公开课充满激情,师生互动热烈,气氛活跃。

面对复杂难教的职业学校学生,徐英杰充分调动孩子对学习的兴趣,让他们从课堂和学习中收获成就感。在传授知识之外,他还和学生创办了一个"数字媒体工作室",培养学生自主学习的意识、能力和就业创业的本领。

与他们相比,刘佳芬面对的是一个更为特殊的群体。为此,她和同事们学会了自编教材,为特殊孩子们建立了社区大课堂,让他们在生活中学会自立,收获尊严。

一个教师的"灵魂"是什么?一个教师的真谛是什么?

从他们这些教师的身上,我们看到了答案——"教好书,育好人"。

"教好书"如何落实?就是落实在一节普普通通45分钟的课堂上,落实在教师和学生的每一次互动和交流中,落实在教师要永远相信学生、信任学生上。

如此,才能有爱的感动和信任的萌生,才会有接下来的"育好人"。

其实,每一个教师在踏上工作岗位之前,都应该反问自己,我是谁,我要成为什么样的教师,我距离这个目标还有多远。有的时候,当我们忘记了最初的目标和理想,不妨停下来,思考一下,今天我是否做到了"教好书,育好人"。

这,就是报告会的力量,榜样的力量。

(载《中国教师报》2012年6月27日)

总编七日谈

是楷模也是新教师

感动，在不断延续。

这几天，教书育人楷模先进事迹报告团前往吉林、黑龙江、河北、河南等地开展巡回宣讲报告，所到之处，给人们带来了感动，带来了温情，更带来了震撼。

与以往的教师模范相比，这些楷模身上深深打上了时代的烙印，更具备一个"新教师"的特质。

何谓"新教师"？他首先应该放下师道尊严的架子，走近学生。英国皇家化学学会会士、清华大学电机系教授高松为了更好地与学生交流，专门把办公室设在实验室。经常有学生凌晨敲他的门，但高松一点也不觉得烦，"因为能在半夜三更来向你请教的学生往往都是可造之材，就像当年的孙悟空一样"。新疆察布查尔锡伯自治县的锡伯族教师贺红岩的绝招是家访，22年里，尤其是在她担任班主任期间，她访遍了每个学生的家，有的去了两三次，甚至更多。

新教师还应该耐心对待学生的成长，把学生的每一次错误都看作是一次可贵的教育机会。清华大学电机系教授孙宏斌曾经把一项重要科研项目交给自制力差、不被其他教师看好的学生，当两年后项目研究宣告失败时，孙宏斌不仅没有怪罪那名学生，反而又给了他一个课题，鼓励他坚持做下去。最终，这位学生成功地完成了项目，也顺利毕业。如果孙宏斌不给学生机会，如果孙宏斌仅仅因为对方的失败就选择放弃，我们很难想象以后的结果。但幸运的是，正是因为有了这种耐心和包容，更多学生的成长和成才才成为可能。

新教师不仅拥有爱心，更拥有教学智慧，他们的课堂都生机勃勃，引人入胜，让学生流连忘返。在一般人看来，思想政治理论教学是枯燥的，但大连海事大学马克思主义学院的贾凤姿老师却有本事通过翔实的史料、鲜活的案例、新颖的方法，把枯燥的理论课变成学生喜欢的课程。贵州省六盘水市盘县响水镇中学校长左相平更是想方设法让每一个学生喜欢听课，不让一个学生成为"惰性元素"。在他们的课堂上，学生不仅在收获知识和能力，更在收获幸福和快乐。

时代呼唤新教师，他们诠释了人民教师的高尚师德，塑造了新时期人民教师的光辉形象，是当之无愧的"时代楷模"。

对照这些新教师，我们需要反思，需要自问：你还能为教育、为孩子做点什么？

（载《中国教师报》2012年7月4日）

总编七日谈

素质教育的山东之路

转眼间,素质教育正式在官方文件提出已经快 20 年了。

1993 年 2 月 13 日,《中国教育改革和发展纲要》发布,在不到 17000 字的全文中,"素质"一词被运用了 19 次。

而在此后 1994 年召开的全国教育工作会议上,为了贯彻落实《纲要》,会议首次提出:"基础教育必须从'应试教育'转到素质教育的轨道上来,全面贯彻教育方针,全面提高教育质量。"

由此,作为应试教育的对立面,素质教育开始了在中国艰难的实践和探索。

1999 年,《面向 21 世纪教育振兴行动计划》明确提出,实施"跨世纪素质教育工程",整体推进素质教育,拉开了素质教育从典型示范转向整体推进和制度创新的序幕。

于是,有了 2001 年的新一轮基础教育课程改革。

但,将近 20 年的探索,依然有一部分人对素质教育持否定态度,把素质教育等同于不学习,不考试,甚至出现了两种观点:一种把任何一项改革都贴上素质教育的标签,泛化和模糊了素质教育;还有一种把素质教育当成解决教育痼疾的"灵丹妙药",一旦"灵丹不灵",就打了退堂鼓。

无论是贴标签者，还是怀疑否定论者，都不是面对素质教育应有的态度。为什么要实施素质教育，其实每一个人都非常明白。应试教育是面对少数人的教育，它彻底违背了教育本身的公平属性，不仅如此，应试教育不按教学计划开课，升学考什么就学什么；不按教育规律教学，升学怎么考就怎么学；大量办复读班；以升学率作为评价学校工作的唯一标准，搞升学排队，规定升学指标；等等。在这样的体制下，学生不能全面发展，学生不能创新提高，甚至身心都遭到极大摧残。

任何一个有良知的人都不能坐视不理。但我们在具备改革勇气的同时，更要拥有智慧和毅力。

于是，被称为"素质教育试验田"的山东经验出现了，它给所有苦苦探索素质教育道路的人一个启示、一种经验。这个启示和经验不是空穴来风、凭空诞生，而是包含了无数学生、无数教师、无数学校的心血和努力。四年乃至更久的执着和探索，这才让山东的素质教育探索有了深厚的积淀、鲜明的特色、光明的前景。

从这个意义上讲，我对山东的素质教育探索持以深深的敬意。因为，一个学校、一个县、一个市搞素质教育尚且艰难，更何况山东是全省整体推进，以高中教育为突破口。

希望这样的省份、这样的实践再多一些，如此，孩子们才会有快乐的笑脸，老师们才会有幸福的教育生活，学校才会真正成为一方乐土。

（载《中国教师报》2012年7月11日）

总编七日谈
用青春书写精彩

青春，简单的两个字，但却是人生中最美好的字眼。提起青春，人们不吝用绚丽的语言来描述它，用火热的行动来实践它。

青春，往往与繁华的都市联系在一起。在浮躁的城市中，人们在物欲横流中奔波，沉迷于这个世界的五光十色。

但总有对青春的另一种解读。

2006年，有这样一批青年人，放弃都市生活，来到遥远、偏僻的中西部农村，成为一名特岗教师，在山村讲台上度过自己的青春岁月。

这样的选择，是正确还是错误？

三年、四年，甚至更多的年头下来，这些特岗教师让我们明白了青春的真正含义。

"走在农村的小路上，没有城市的喧嚣，没有污浊的空气，没有拥挤的人群，留给我的是山区的宁静、空气的清新。如果可以从头选择，我依然愿意做一名特岗教师，用知识灌溉花朵，让我的所学、所知在这片土地上生根发芽。"一位特岗教师这样说。

的确，"青春无悔"是特岗教师们重复最多的一句话，在这片土地上，他们克服了种种不适应，把自己的心和农村孩子的心连在一起，不仅仅让知识生根发芽，更为农村孩子打开了通向外界的光明之窗。

这是一种奉献，在很多人看来，他们无疑是伟大的。但这分明又是一次成长，一次自我价值的实现。年轻的大学毕业生们来到这里，不仅仅在奉献，更是在播种，在收获，他们在给学生点燃知识明灯，插上腾飞翅膀的同时，也让自己了解了社会，懂得了自己，知晓了前行的方向。

这也是为什么一些特岗教师很快就能崭露头角、脱颖而出的原因。

比如，湖北特岗教师范献龙被国务院表彰为"全国先进工作者"；费宝莉、何家坤被中宣部、教育部、团中央遴选为"大学毕业生建功立业先进事迹报告团"成员；青海特岗教师旦周才仁、黄华被评为"全国教育系统抗震救灾先进个人"；重庆特岗教师曹瑾被追授"全国优秀教师"荣誉称号。

青春应该怎样度过？一千个人有一千种不同的答案。但在 23.5 万名特岗教师那里，我们发现了共同的答案。

（载《中国教师报》2012 年 8 月 15 日）

总编七日谈

校长是一种职业

校长职业化,一个老话题,也是一个新话题。

何谓校长?一所学校里行政、业务方面的最高领导人。

校长的职责和作用是什么?教育家陶行知先生说得很清楚:"校长是一个学校的灵魂,一个好校长带领一批好教师,才能办出一所好学校。因此,从某种意义上讲,一个好校长就是一所好学校。"

但长期以来,在大学里,学术权威担任高校校长似乎已成惯例。"学而优则仕"已经是不成文的规定。然而,最近的几则消息让人看到了校长的另外一种"当法儿"。

北京外国语大学校长韩震向全体师生公开承诺"三不":担任校长期间,不再做自己的专业学术研究,不再申请自己原有学科专业的研究课题,不再谋求与教学有关的个人荣誉。

同时,北京师范大学校长董奇亦承诺"四不":任职期间不申报新科研课题、不招新的研究生、不申报任何教学科研奖、个人不申报院士。

今天,我们怎样当校长?是科研、管理双肩挑,还是扎扎实实做好管理?

答案非常清楚,正如一位校长所说的,办好一所大学,做好管理工作，较之他一人的科研成就，可能前者意义更大、贡献更大。

由此，我想到一些虽然不是科研专家、但却是著名校长的故人。

被誉为清华"终身校长"的梅贻琦，从来不是著名的什么家，但却是一名出色的学校管理者。在他的领导下，清华大学得以在10年之间从一所颇有名气但无学术地位的学校一跃而跻身于国内名牌大学之列。

有人这样评价，梅贻琦的一生只做了一件事，就是当好了清华大学校长。

像这样的校长还有很多。比如耶鲁大学校长雷文，自从担任校长之后，就再也没有带过一个研究生、博士生，没有挂名领衔做过一个具体的科研项目，只出过一本专著《大学工作》，还不是学术著作。

众所周知，学校是一个专业化组织，它对管理者提出了较高的教育和教学能力要求。从这个角度来讲，校长并不好当，校长应全心投入自己的岗位，而考评校长业绩的，只能是其管理工作的种种表现。

由大学的校长联想到我们中小学的校长，当大学校长都日趋"职业化"，中小学校长又该如何定位自身的职能？如果这个问题能够真正深入研究下去，我想，有一批优秀的校长将会摆脱桎梏，朝着教育家的梦想前行。

（载《中国教师报》2012年8月22日）

总编七日谈

课改中国行：让教师更有力量

在教师节来临之际，中国教师报今年暑期的"课改中国行"无疑是向广大教师奉上的一份厚礼。

转眼间，基础教育新课程改革已经走过 10 个年头了。教育领域发生了深刻变化，无论是学校领域还是区域教育整体推进层面都涌现出了丰富的教学实践成果。尤其是《国家中长期教育改革和发展规划纲要 (2010-2020 年)》颁布以来，更是提出要把育人为本作为教育工作的根本要求，尊重教育规律和学生身心发展规律。

教育的目的是什么？毫无疑问，是面向全体学生、促进学生全面发展，着力提高学生服务国家服务人民的社会责任感、勇于探索的创新精神、善于解决问题的实践能力，引导学生形成正确的世界观、人生观、价值观。

要想达到这样的目的，最重要的途径就是基础教育新课程改革。对于全国教师来说，这无疑是一个巨大的挑战。新的教育形势要求教师必须转变观念，从"教中心"到"学中心"，从满堂灌改变为引导学生不断地提出问题，使学习过程变成学生不断提出问题、解决问题的探索过程。

那么，如何解决教师在真实的教育教学过程中的困难，为教师雪中送炭，解决他们的燃眉之急？正是基于这样的考虑，今年的课改中国行除了邀请专家宣传新课改理念，更增加了一个特殊环节："问题解决式"沙龙。每到一地，中国教师报都会请当地教育局提前准备好目前新课改推进过程中遇到的主要问题，提前一天交给中国教师报编辑记者，然后由专家和记者予以回答。

不改革，就没有问题，问题就产生于改革中。不可否认，有的教育人会因为改革出现了一些问题，就出现了动摇与犹豫。但每一个教育人同时又是社会的一分子，面对民众对教育寄予的殷切期盼，我们要做的只能是，将改革进行到底。

改革不是问题，如何改革才是问题。欣喜的是，我们看到了老师们提出的各种问题，也从中看到了他们改革的热情和期待。他们以前所未有的勇气和智慧，直面中国教育的挑战和机遇，写出自己精彩的教育人生。

"课改中国行"，不仅仅让我们看到自己的足迹，更让我们看到中国1400万教师的力量和信仰。

（载《中国教师报》2012年8月29日）

<u>总编七日谈</u>

让教育的美延续

9月,孩子们迎来了新的学校生活。

"开学第一课"也如期而至。自2008年开播以来,由教育部和中央电视台联合制作的电视节目《开学第一课》已经成为送给全国中小学生开学第一天的特别礼物。

今年的开学第一课,乡村女教师邓丽毫无疑问成为亮点。2009年,这位"80后"女大学生放弃高薪职位,参加了湖北省农村教师资助行动计划,坚持选择了素有"恩施的青藏高原"、"屋脊小学"之称的湖北省鹤峰县中营乡高原小学。

学校地处深山,气候严寒,邓丽和乡亲们为学生改建了学校第一个洗澡间;学校设施缺乏,邓丽联系爱心人士为孩子们送来了新乒乓球台、篮球、课桌椅等;学校没有英语课,邓丽到来之后,担负起全校四个年级英语的教学重任。

"我所做的,只希望给孩子们带来改变,希望他们有个开心的童年!"邓丽这样回答中央电视台记者的提问。

是的,给孩子们带来改变,从给他们带来希望开始,从给他们带来开心开始!

这正是开学第一课设置的初衷。开学第一课不是枯燥地讲授知识,不是僵硬地说教道理，而是寓教于乐，让各种各样的榜样、典型、楷模现身说法，告诉孩子们，什么是真，什么是善，什么是美。

今年开学第一课的主题正是"美在你身边"，节目聚焦"美"，鼓励中小学生发现身边的美，努力展现美、传递美、创造美。因为只有懂得了美，接触了美，孩子才能在生活中发现更多的美，创造更多的美。

而长久以来，我们距离美的事物似乎越来越远，大家习惯了抱怨、指责、谩骂，在浮躁的世界中越来越迷失自我，甚至最应该远离世俗的教育也染上了浮华之气，有了功利的一面。

教育，本该是悠然、惬意、从容的；教育，本该是向真，向善，向美的。

幸运的是，有很多人在默默奉献着，改变着这个世界，最美教师张丽莉，最美司机吴斌，最美战士高铁成……这些最美人物和他们的故事让我们感动，让我们不再孤独，让我们看到美的希望。

让教育的美继续延续下去，传递下去，不仅仅是第一课，更应该在接下来的每一课。

（载《中国教师报》2012 年 9 月 5 日）

总编七日谈
教师先得教好书

这是一个"至高荣耀"的教师节。

国务院召开了全国教师工作暨"两基"工作总结表彰大会，胡锦涛同志发来贺信，温家宝同志发表重要讲话。李长春同志亲切接见了张丽莉老师和先进事迹报告团成员，观看了 2012 教师节晚会《至高荣耀》，为 2012 年度全国教书育人楷模颁奖并发表重要讲话。

为什么教师这份职业是"至高荣耀"？答案可能有很多，但归根结底，教师承担着"教书育人"的崇高使命，所以这份职业自然神圣，自然崇高。这也是为什么温家宝同志在讲话中特别强调，不管是大学教师，还是中小学教师，都要坚持进课堂，始终深入教学第一线的原因。

"教书是教师的基本职责，只有教好书，才能育好人。"温家宝同志这样说。

在开学之际，温家宝同志说出这样的话，其意不言自明。

当我们每个人都在提倡教育要回归常识，教育要遵循基本规律时，教书是教师的基本职责这个常识更应该不断重申和强调。

教师教好书，其意义在于，他不仅要研究自己，更要研究儿童，了解他们的心理状态；他不仅要努力学习，更要锐意创新，不断突破原有的思维定式；他不仅要兢兢业业，更要充满智慧，懂得开发学生的生命潜力，让自己的工作充满创造性。

只有这样的"教好书"，才不会让教育教学变成了枯燥乏味的"体力劳动"，才不会让教师在年复一年、日复一日的抄写批改中患上职业倦怠症，才不会让学生对课堂丧失了兴趣，对学习失去了动力。

更重要的是，只有这样的"教好书"，才有接下来的"育好人"。当量变达到一定程度，才会有质变的产生。

很多教师都在诉苦，学生越来越难管理，教书越来越不好教，再谈育人，根本就是奢侈。

新的时代，有新的学生，同样也在呼唤新的教师。我们不能一味抱怨、发牢骚，更应该行动起来，在发展自己的同时，发展学生。这是对学生的一生负责，也是对教师职业的负责，对国家和民族的负责。

教好书是教师最基本的职责。而每一个教师都应该思考：我能教给学生的是什么？

（载《中国教师报》2012年9月19日）

总编七日谈

督导，以学生为本

最近一段时间，督导成为教育领域谈论颇多的"热词"。

国务院下发通知，专门成立了国务院教育督导委员会，并出台《教育督导条例》，教育部下发《关于进一步加强中小学校督导评估工作的意见》，印发了《中等职业教育督导评估办法》。

种种措施都表明，党和国家把教育督导提到非常重要的位置，把教育督导作为教育的基本制度进一步加强完善，把教育督导作为教育改革发展的重要保障进一步加大力度。

众所周知，教育需要督导，它是教育现代科学管理的重要组成部分，是保障教育目标实现的有效机制，更是衡量一个国家、一个地区教育管理水平高低的重要标志。

一个没有监督、督导的教育体系是不完整的，不成熟的，也很难满足群众的诸多需要。但是，目前的教育督导制度，是否就能够满足社会的需求了呢？

答案显而易见。教育领域依然存在的诸多热点问题，似乎从另一个方面证明，我国教育督导的机构设置、队伍建设和督导方式，确实还不能完全适应教育改革发展的历史要求和神圣使命。

在国务院教育督导委员会成立之前，很多地方的教育督导机构实质上隶属于教育行政机关，有人甚至戏称"自己监督自己，既当运动员又当裁判员"，这样的机构难以独立行使督导职能，权威性不够，更重要的是，理念相对滞后，面对很多问题只能是心有余而力不足。

时代呼唤更加完善的教育督导制度，这是一项挑战，更是教育改革发展的重大机遇。

而让我们欣喜的是，近日公布的教育部《关于进一步加强中小学校督导评估工作的意见》明确提出，学校督导评估要坚持三个基本原则。其中第一项原则就是坚持以学生发展为本，把学校教育教学是否适应全体学生发展作为衡量学校办学水平的主要标准。

"以学生为本"，不仅仅体现在基础教育新课程改革中，也体现在中小学督导评估中，只有确立了这样的原则和理念，教育才会走到素质教育的快车道上来。

期待督导评估这个看不见的手发挥真正的导向作用，期待更多的学校切切实实"以学生为本"，如此，学生才会幸福，人民才会满意。

（载《中国教师报》2012年9月26日）

总编七日谈
尊重生命

"十一"长假过去,"安全"成为人们说得最多的话题。除了各种触目惊心的交通事故,还有云南省彝良县重大山体滑坡事故,再次提醒人们,安全大过天,尤其是对于学校和孩子,安全更是一个永远说不尽的话题。

一直以来,一提起校园安全,各级教育行政部门都秉持"高度重视"的态度。"决不能麻痹大意"、"发生事故,一究到底",类似这样的字眼我们经常见到。但为什么,重视归重视,上级的通知没少发,一些安全事故还是在不断发生,原因到底出在哪里?

我想,原因还在于我们的学校安全管理上。与表面上的"重视安全"相比,一些地方和学校依然安全意识淡薄,不愿意投入人力物力进行安全教育。尤其是在"应试教育"轰轰烈烈的大背景下,如何见缝插针,坚持安全教育,更是无比艰难。

"我们没有安全课","安全课被挤占成了作业课",这样的情况比比皆是。当然会有一些有"安全意识"的学校,也会抽空上一两次安全教育课,但长期坚持下来的,却可能寥寥无几。毕竟在很多地方和学校看来,安全教育嘛,很多时候就是在做无用功,没什么作用,还不如抓分数,抓成绩,能抓出血来,抓出成效来。

这是一种陈腐的观念，更是一种可怕的观念。当学生没有了生命，何谈教育？何谈分数？何谈升学率？生命只有一次，没有演练的机会，更来不得半点轻视。

由此，我想到了著名的"最牛校长"叶志平，他之所以能够创造"5·12"汶川大地震学校无人伤亡的奇迹，就在于对安全的重视，对每一个鲜活生命的重视。因为有了这种重视，才有了桑枣中学每学期至少一次的紧急疏散演练，有了不断加固的教学楼，有了一以贯之的坚持不懈。

一个学校，一位教师，在教给学生知识的同时，应更注重学生行为习惯的养成。这个习惯，可能在将来的某一天让人受益终生，更让人得以保全性命。而桑枣中学的学生们，在学校里收获的不仅仅是知识，更是对生命的敬畏和尊重。

（载《中国教师报》2012年10月10日）

总编七日谈
教育，你幸福吗

说起最近流行什么话，估计大家都会想到它——"你幸福吗?"这是一个异常简单却又难以回答的问题，在央视记者的提问下，相信被问到的人都会想一想：我幸福吗？幸福是什么？

一千个人心中有一千个哈姆雷特，同样，关于幸福的答案也会有千百种。幸福不是固定不变的，它是即时的、流动的、难解的，即使刚刚获得诺贝尔文学奖的莫言也很难描述出来，如果非要用语言来表达，在他看来，幸福就是"什么都不想，一切都放下，精神没有任何压力"。

如果拿这个问题问教育，我们今天的教育"幸福"吗？我想，答案可能有很多种，但有一点可以肯定，有些地方、有些学校的教育并不幸福，甚至可以说是苦痛的、难受的。因为这些地方的教育面临着巨大的压力，外部的有家长的压力、社会的压力，内部的有评价的压力、考试的压力。孩子们在超负荷地学习，教师们在高强度地教书，再谈幸福，只能是一种奢侈。

教育的目的是什么？除了给予孩子知识和能力，我想，更重要的是让孩子知道何为幸福，通过什么样的方式来获得幸福。这是一种能力，比背会多少篇课文、抄写多少个生字更为重要。如果一个孩子不能从教育中收获幸福，了解幸福，明白通往幸福的途径，那么，这种教育毫无疑问是失败的。

现代社会，物质极大丰富，但对幸福的内心体验却似乎变得非常稀有。幸福，是每一个人追求的终极目标，但不是什么教育都可以培养出幸福的人，只有幸福的教育才可以培养出幸福的人，让人感受到教育的幸福。而教育的幸福，不仅在于让学生感受到学习的快乐，也在于让教师体验到在教育工作中实现职业理想的满足和喜悦。

教育的幸福在于让人人回归到一种舒服、美好的状态，这时的学校不是压抑的，而是每一个生命成长的乐园，当然，每一个生命包括学生，也包括教师。

让我们给教育松一下绑，让教育"什么都不想，一切都放下"，在没有压力的情况下从从容容，回到自身的成长规律上，如是，教育才会有真的幸福。

期待，教育的幸福早些到来。

（载《中国教师报》2012年10月17日）

<u>总编七日谈</u>

十年，再出发

十年，不过是岁月长河的一瞬，但有的十年，却注定在人们的记忆中留下深深的烙印。譬如 2002 年到 2012 年，这十年，一项项力度空前的教育政策惠及民生；"教育免费"、"校安工程"……每一项政策都温暖人心，让人体会到政府对教育的重视与关怀。

回顾过去十年教育改革，发展的新成就令我们无比振奋和自豪，也深感责任重大。

这十年，是教育普及水平持续提升的十年。经过十年攻坚，农村孩子不会再因家庭贫困而辍学，不会再因学杂费而四处奔波，更不会因为没有生活费而忍饥挨饿。让每个孩子都有学上、上得起学，保障他们平等接受教育、平等发展的权利，是中国政府的坚定承诺。

这十年，是以人为本全面实施素质教育的十年。教育行政部门深入推进基础教育课程改革，坚持德育为先、能力为重、全面发展，各地各校围绕"减负"、全面发展、改革评价制度等"老大难"问题，积极探索，越来越多的学校真正成为孩子们成长的乐园。

这十年，是教师队伍建设不断加强的十年。国家把加强教师队伍建设作为提高教育质量的关键环节，作为最重要的基础工程来抓，不断增强教师的职业吸引力，增强教师的归属感、自豪感、历史使命感、责任感，以农村教师为重点，实施"中小学教师国家级培训计划"等重大工程，为教育提供了最基础的人才保障。

回顾，不仅是为了缅怀过往，更是为了明天的辉煌。2010年，新世纪以来首次全国教育工作会议召开。《国家中长期教育改革和发展规划纲要（2010—2020年）》正式实施，绘就了国家未来十年教育发展的蓝图。

从这个十年到未来十年，中国教育已经站在一个新的历史坐标点上，一幅波澜壮阔的教育改革画卷正徐徐展开。

十年，我们再出发。

（载《中国教师报》2012年10月24日）

<u>总编七日谈</u>

十年，新起点

十年，中国教师队伍历经岁月和时光的淬炼，站在新的历史起点上。

细数往事，每一个年轮都记录着国家对教师队伍建设的关心与爱护，都承载着千万教师对自己未来的期盼与希望。

不能忘记，党的十六大报告明确提出：大力发展教育和科学事业。教育必须摆在优先发展的战略地位。不能忘记，国家在义务教育学校实施绩效工资分配政策，确保义务教育教师平均工资水平不低于当地公务员平均工资水平。不能忘记，教育部、国家发展改革委启动实施了农村边远艰苦地区学校教师周转宿舍建设，着力改善农村边远艰苦地区教师特别是特岗教师、支教交流教师和寄宿制学校管理教师的工作生活条件。

当然，更不能忘记，在提高教师待遇的同时，国家还一直为教师专业成长提供新的动力支持系统。于是，有了"国培计划"、"农村教育硕士师资培养计划"、"中等职业学校教师素质提高计划"……一项项计划正以锲而不舍的努力，有力推动了教师结构优化，拓展了教师来源渠道，提升了教师队伍素质。

当时间指向 2010 年 7 月 13 日，广大教师更是记住了激动人心的这一刻。这是中国进入新世纪之后首次召开的全国性教育大会，就在这次大会上，胡锦涛同志特别提到，教育大计，教师为本。要把加强教师队伍建设作为教育事业发展最重要的基础工作来抓。

"最重要的基础工作"，这是党和国家领导人对教师队伍建设的高度关注，更是对教师队伍的殷殷期盼。

教师手中掌握着祖国的未来，人类的未来。创新型国家需要创新型人才，而创新型人才的培养需要创新型教师。从这个意义上说，基础教育课程改革深入推进的十年，就是创新型教师不断涌现的十年。

创新型教师，一言以概之就是新教师，他不是传统意义上的旧教师，他是专业课程的建设者、学校生态的建构者、学习和生长的开发者、教育信念的传播者。他吐故纳新，不断提升自己的专业素养，在教育教学实践中建立和完善自己的教育哲学。

这是教育改革和社会发展的必然要求，更是时代赋予的特殊使命。十年，中国教师在转型中谋求发展和进步。面对未来，他们将以更加崭新的面貌迎接挑战——因为，他们是新教师。

（载《中国教师报》2012 年 10 月 31 日）

总编七日谈

十年，大跨越

"雄关漫道真如铁，而今迈步从头越"，经历十年艰苦卓绝的奋斗历程，中国教育实现了"跨越式发展"。尤其是在众多领域的竞相"跨越"中，教育的跨越式发展尤其引人瞩目。

这样的跨越式发展，是教育管理体制、办学体制和经费体制改革不断深化的结果。众所周知，教育要发展，根本在改革。改革创新是教育发展的强大动力，只有以人才培养体制改革为起点，进行多项体制改革，才能为办好人民满意教育提供真正的制度保障。

十年间，一系列鼓舞人心的改革拉开了序幕，一个个综合改革试验区生机勃勃，一项项行动计划鼓舞人心。

人才培养体制改革启动了。小学、中学、大学有机衔接，教学、科研、实践紧密结合，一些学校在这方面走在前列，与家庭、社会密切配合，加强学校之间、校企之间的合作，开放灵活的人才培养体制正有望形成。

考试招生制度改革启动了。为了克服"一考定终身"的弊端，教育部成立了国家教育考试指导委员会，对考试招生制度改革进行整体设计和评估论证，同时酝酿出台考试招生制度改革方案。普通本科和高职教育分类入学考试改革将进行试点，高职院校单独招生改革正在继续推进。一个分类考试、综合评价、多元录取的考试招生制度已经有了雏形。

办学体制改革启动了。各地以政府办学为主体、社会各界共同参与，形成了公办与民办共同发展的多元化办学新格局。在推进义务教育均衡发展方面，各地积极探索城乡教育一体化，通过学区制管理、集团化办学、老校加新校、强校加弱校等管理模式，促进优质教育资源共享，极大提升了薄弱校的办学水平，让优质教育资源惠及更多百姓、更多家庭。在推动民办教育发展方面，随着《民办教育促进法》的颁布实施，《教育部关于鼓励和引导民间资金进入教育领域促进民办教育健康发展的实施意见》的下发，民办教育迎来了发展的春天。

教育管理体制也在不断深化。地方教育行政部门开始转变职能，简政放权，依法行政，强化自身的社会管理和公共服务职能。中小学有了办学自主权，办学活力全面迸发。高等学校进一步"去行政化"，"依法办学、自主管理、民主监督、社会参与"的现代学校制度越来越变得清晰。

教育十年，有了攻坚克难，才有了今日的跨越发展。如今，我们行走的步伐没有停止，因为教育改革进入了深水区，希望在前方，我们在路上。

（载《中国教师报》2012年11月7日）

总编七日谈
教育的春天来了

一次盛会，鼓舞人心。

2012年11月8日上午，举世瞩目的中国共产党第十八次全国代表大会隆重开幕。胡锦涛同志在十八大报告中阐述了教育的重要地位，把教育放在改善民生和加强社会建设之首，提出"努力办好人民满意的教育"的目标任务，为未来我国教育事业的改革发展指明了方向。

时间回溯到2002年，党的十六大报告明确提出，大力发展教育和科学事业。教育必须摆在优先发展的战略地位。

2007年，党的十七大报告明确提出：优先发展教育，建设人力资源强国。

紧接着，新世纪第一次全国教育工作会议提出，必须始终把教育摆在优先发展的战略地位。

优先发展教育，以教育的改革和发展引领、适应和促进经济社会的改革和发展，是时代和国家赋予教育的崇高使命。

十年来，教育优先发展已成为人们的政治共识与具体行动。首先就是以投入优先促教育优先。各级党委和政府把优先保障教育投入作为教育工作的主题，把"两基"这一民生之本强国之基作为教育工作的重中之重，一个又一个漂亮的"两基攻坚"战役打下来，农村教育旧貌换新颜，农村学生"有学上"的梦想已经成为现实。

不仅"有学上",还要"上好学",而要"上好学",就需要千千万万名好教师,需要一支师德高尚、本领过硬的教师队伍。教育是国家发展的基石,教师是基石的奠基者。从党的十六大到党的十八大,始终关注教师队伍建设,是党中央关于教育战略部署始终如一的主题。

2007年,党的十七大提出,加强教师队伍建设,重点提高农村教师素质。

2008年,党的十七届三中全会提出,要保障和改善农村教师工资待遇和工作条件,健全农村教师培养培训制度,提高教师素质。

尤其是2010年7月13日,新世纪第一次全国教育工作会议上,胡锦涛同志特别提到,教育大计,教师为本。要把加强教师队伍建设作为教育事业发展最重要的基础工作来抓。

强国先强教,强教先强师,这也正是《教育规划纲要》将"教师队伍建设"列入专章,作为"六大保障措施"首要保障的原因所在。

蓝图一旦绘就,行动立即跟上。十年来,师德建设长效机制不断建立健全,教师专业化水平不断提升,教师地位待遇不断提高,农村教师职业吸引力明显增强,教师管理制度日益科学规范……中国教师没有让百姓失望,让国家失望,一支师德高尚、业务精湛、结构合理、充满活力的高素质专业化教师队伍,正在推动中国教育大踏步向前迈进。

而今,党的十八大报告中,再次提出加强教师队伍建设,又一次证明了国家对教师队伍建设的高度关注。可以想见,中国教师正迎来发展的最好时期。

十年,教育翻天覆地,教师焕发活力,让梦想照进现实,中国教育的春天不再遥远,中国教师的春天就在眼前。

(载《中国教师报》2012年11月14日)

总编七日谈
立人先立德

当前，举国上下都在掀起学习贯彻十八大精神的热潮。如何让十八大精神入耳、入脑、入心，首先是深入读懂十八大报告，深刻理解十八大精神。而纵览十八大报告，什么内容让我们印象最深刻，我想，应该是对民生的关注。事实上，如果非要说出十八大报告中出现频率最高的词汇，也莫过于"人民"二字。

"任何时候都要把人民利益放在第一位"，"始终把人民放在心中最高位置"，甚至有人做了这样一个统计，在十八大报告中，"人民"出现了145次。那么，什么是人民最关注的事情？非教育莫属。这就是为什么众多解读十八大精神的文章中，与"教育"有关的阐释最能吸引眼球的原因所在。

振奋人心的是，此次十八大报告首次提出"把立德树人作为教育的根本任务"，相比十七大报告所说的"坚持育人为本，德育为先"，这种论述是对德育的进一步强化和精练，更是对素质教育内涵的深入阐释。意蕴更为深远悠长。

我们要培养什么样的人，这是教育必须回答的问题，而"立德树人"恰恰作出了最为诚恳的回答。我们培养的不是只会考试的做题机器，疲惫不堪的分数奴隶，疲于奔命的就业机器，而是有着健全道德的人。立人先立德,这是从古至今不变的命题。古人说,"立德"、"立功"、"立言"为"三不朽",而"立德"之所以被摆在首要位置,就是因为无论什么时候,道德永远是一个人安身立命的根本。

我们难以想象,如果教育培养出来的人没有道德,那会是什么样的场景!做教育的都知道这样一句话:高分低能是次品,体质不好是废品,品德不良是危险品。所以,立人先立德,人的培养,必须坚持德育为先。

但,立德树人并非一句空话、大话、套话,也不仅仅只是德育老师的事,它是所有教师共同肩负的重要使命。教育,从来就不应该窄化为"教知识"、"教文化"、"教技能",它包含着更为重大、深远的使命。正如梁启超先生所说:"教育就是教人学做人,学做现代的人。"

可是,我们需要扪心自问,我们是否达到了这一目的?面对厌学睡觉的学生,面对毕业撕书的学生,更有甚者,面对那些曾经的学生、现在的成人种种自私冷漠的行为,他们是否就是我们理想中的"现代的人"?

立德,必须从现在开始。我们深知,试卷会渐渐发黄,成绩可以通过练习来获得,但道德——这种特别而美好的东西,却必须经历长时间的熏陶和培养才能拥有。

美丽中国,需要的不是高分数机器,而是有道德的现代的人。

(载《中国教师报》2012 年 11 月 28 日)

总编七日谈

做改革创新的探索者

改革创新正在成为学习宣传贯彻十八大精神的一个关键词。

日前,在召开"学习贯彻党的十八大精神,深化教育领域综合改革"专题会后,教育部再次召开党组会议,深入学习贯彻党的十八大精神,进一步研究部署深化教育领域综合改革工作。袁贵仁部长强调,要坚持不懈把改革创新精神贯彻到教育工作全过程、各环节,坚定不移、不失时机地推进教育领域综合改革。

改革才有创新,创新是一个民族进步的灵魂,是一个国家兴旺发达的不竭动力,更是中国教育实现又好又快发展的根本保证和强大的思想武器。30多年来,中国教育前进的每一步,都有改革的印记、创新的推动,正是因为有了改革创新,才有了中国从人口大国向人力资源大国的巨大转变。

时至今日,我们依然无比需要改革,需要创新。

教育涉及千家万户,而教育领域存在的诸多矛盾和难题,都需要改革创新。比如教育体制,比如育人模式,比如评价制度。每一个问题拿出来,都是困扰教育多年的顽疾,都是牵动众多利益的博弈,都是风口浪尖上的焦点。不改革,教育体制的问题不可能解决;不改革,高质量的各类人才不可能培养出来;不改革,应试教育的老路无法改变;不改革，千校一面的现状不会改观。

有改革的热情很重要，有创新的信心很重要，但是必须要注意的是，改革不是拍脑袋工程，不能仓促上马，它必须建立在翔实调研、周密计划的基础上，不能简单盲从，人云亦云。只有这样的改革才是对孩子、对社会、对历史的高度负责，才会产生良好的社会效果。因此，深化改革创新，我们需要许多的前行者和探索者，他们在远方发出的一点光亮，哪怕微弱如星子，都能给予后来者巨大的勇气与信心。

而教师正是这样的探索者，他们在教育改革创新的进程中，发挥着无比重要的作用，他们用自己的心血与智慧，赋予教育更多的灵性，守护无数生命的成长，让孩子们走得更远、更稳。

面对这样的探索者，我想，必须给予掌声和鼓励，因为这是对探索者最好的鼓励！

（载《中国教师报》2012年12月5日）

<总编七日谈>

素质教育，让人民满意

努力办好人民满意的教育，让每个孩子都能成为有用之才。十八大报告对教育提出这样的要求和期许，让我们倍感温暖的同时，也深感肩头责任重大。

什么是人民满意的教育？如何办人民满意的教育，让每个孩子都能成为有用之才？可能有很多种答案。但我想，不能也无法忽视的关键词应该是素质教育。

只有素质教育才能让人民满意，只有素质教育才能让每个孩子都能成为有用之才。

但遗憾的是，素质教育却存在被误读、被曲解的情况。

搞素质教育就是要取消高考，搞素质教育就是不要质量，搞素质教育就是唱唱跳跳，搞素质教育就是不留作业，于是，各种版本的"××教育"打着素质教育的旗号登堂入室，其造成的恶劣社会影响却强加在素质教育的身上。

这些是素质教育吗？当然不是。作为与应试教育相对应的另一种教育模式，素质教育不仅仅关注学生的考试成绩，更重视他们的思想道德素质、能力培养、个性发展、身体健康和心理健康。素质教育不仅仅关注一部分尖子生，更重视全体学生基本素质的提高。素质教育不仅仅是教师、校长、教育行政部门的责任，更与全社会每一位公民的切身利益密切相关。

关于素质教育的含义，原国家教委《关于当前积极推进中小学实施素质教育的若干意见》中作了明确解释："素质教育是以提高民族素质为宗旨的教育。它是依据《教育法》规定的国家教育方针，着眼于受教育者及社会长远发展的要求，以面向全体学生、全面提高学生的基本素质为根本宗旨，以注重培养受教育者的态度、能力，促进他们在德智体等方面生动、活泼、主动地发展为基本特征的教育。"

说得更直接一点，素质教育就是面向全体学生，促进学生全面发展、主动发展。

这样的素质教育不仅不排斥考试，反而能让学生在收获考试成绩的同时，收获创新和发展，收获能力和智慧。这样的素质教育不仅能让学生、教师满意，更能让家长、政府和社会满意。这样的素质教育不仅是少数人满意的教育，更是人民满意的教育。

（载《中国教师报》2012 年 12 月 12 日）

总编七日谈

教师的素质

教师，是素质教育的关键，是素质教育的第一资源。这是我们耳熟能详的一句话。说得再通俗一点，教师的素质决定了所培养的人的素质。

于是，我们要想实现素质教育的梦想，就必须先让教师真正成为素质教育理念的领悟者、贯彻者、执行者。

但不可否认的是，现阶段我们的师资队伍依然还很薄弱，经费保障机制不健全，编制结构不够合理，教师教育质量亟待提高。面对这些问题，怎么办？我想，唯一的途径就是深化改革。

只有改革，才能破除机制障碍，激发教师创造力；才能改善教师待遇，让教师留得住；才能创新教师教育模式，让教师找到职业幸福感；才能深化教师教育课程和教学改革，加强教师教育课程资源建设。

而日前教育部和相关部委联合印发的《关于大力推进农村义务教育教师队伍建设的意见》等6个文件，进一步让我们看到了国家在加强教师队伍建设、破除体制机制障碍的信心和决心。

让我特别感兴趣的是，这几份文件的出台有着几个鲜明的特点，其中最重要的一点莫过于它们从基层实践出发，力求创新。要知道，基层生动鲜活的实践经验是政策的生命力、执行力的源泉。于是，我们看到，很多地方创新教师培养模式，推进综合改革试点的新做法、新举措，都在这里得到了体现。

可以想见，这些鲜活的经验和实践正是那些敢于改革创新的教师所酝酿和产生的。他们是素质教育理念的领悟者、贯彻者、执行者，他们是国家的希望，他们是有素质的一代新教师。

教师的素质包括很多内容，要有科研能力，要有学习能力，要有管理能力。但我想，教师最重要的是要有创新能力。面对陈旧的课堂教学模式，教师必须勇于向自己开刀，不断更新知识，调整知识结构，从而实现自身的解放，进而带动学校乃至整个地区教育的解放。

这样的教师越多，教育改革创新的步伐就会越快。

(载《中国教师报》2012年12月19日)

总编七日谈

学生要减负　教师要松绑

"各种揠苗助长的教辅、课外班应运而生,学校课程难度不断加大,家长望子成龙的观念推波助澜……这一切,全部压在最无助、最弱小的孩子身上,致使他们作业量堆积如山。"——这是诗人胡兰兰的心声,也是一位母亲的心声。

减负,减负,我们喊了多少年,为什么孩子的书包越来越沉,为什么作业越来越多,这些问题拷问着教育行政部门,也拷问着普通教师和家长。

似乎每一个人都不愿意看到这样的局面,但每一个人却有意无意中成为这个局面的"推动者"。

学生学得苦,教师教得何尝轻松!很多教师尤其是班主任自嘲生活是"起得比鸡早,干得比牛累"。从早上7点到校,到晚上10点离校,大量的时间就是用于反复出题、练习,基本没有"业余"生活。

学生学得累,家长更是忙得不可开交。为孩子报各种各样的辅导班,参加各种各样的"占坑班",甚至有的家长不惜请假乃至辞职,全天候在家"陪读",就是害怕孩子输在起跑线上。

这样做,应该吗?我们却听到这样的回答:面对应试教育,大家都在这么做,我们不敢也不能落下。

何时能逃脱出这种束缚和绑架，真正让教育遵循它本来的规律？

日前教育部召开新闻通气会，专门介绍了一些地方在"减负"方面的经验，给了我们一些启示：减负，不仅仅是减学生的负，也是减教师的负，这两者紧密相连，只有解决了学生过重课业负担和教师过重工作负担的问题，才能真正让学生乐学，让教师乐教。

如何实现"双重"减负？非常重要的措施就是推进课堂教学改革，从传统的注重教师的教为主转变为研究学生的学为主，努力改善学生的学习方式，促进学生积极、合作、探究的学习方式。只有这样，才能改变传统的"时间+汗水"方式，才能解决课堂效率低下的问题，才能还给学生和教师以真正的自由。

当然，这是教育系统自己要做的事情，而从外部的大环境来言，更需要社会上的每一个人真正了解教育，懂得教育的规律，不是基于从众心态"煽风点火"、"火上浇油"，如此，我们才有可能安静下来，用心等待孩子成长。

（载《中国教师报》2012年12月26日）

总编七日谈

体质不强，谈何栋梁

"体质不强，谈何栋梁？"当教育部部长袁贵仁在全国推进学校体育工作电视电话会议上说出这8个字时，是对目前学生体质深深的忧虑。

1个小时的开学典礼，不一会儿就倒了七八个；800米长跑，能完成的没几人；放眼望去，不戴眼镜的学生是极少数……诸如此类的新闻频见报端，让我们看到目前中小学的体质已经到了"危险"的边缘。不仅仅中小学生如此，大学生体质也好不到哪儿去。日前，某高校一名大二女生在结束800米体能测试后，晕倒在操场，送医后不治身亡，更让我们看到，提高学生身体素质已经迫在眉睫。

增强体质，从娃娃抓起。这句话并非是随口说说，我们很难想象，如果孩子没有从小养成锻炼身体的习惯，没有从小打下一个良好的身体底子，他们的未来会是什么样？

2011年9月，国家体育总局、教育部联合公布的"2010国民体质监测"结果表明：大学生的耐力、速度、爆发力、力量素质继续出现下降，中小学超重与肥胖检出率不断增加，学生视力不良检出率持续增高且出现低龄化倾向。

而与之形成"讽刺性"对比的是，由于学生体质下降，一些学校选择的不是加强体质，而是取消一些常规项目。在某省会城市，当地30多所高校的运动会几乎都已取消了长跑项目。究其原因，"害怕猝死"是学校这样做的最大原因。

从某种意义上说，这是一个悖论。因为学校不重视体育，所以学生体质不强，而因体质不强引发的诸多安全事故，又让学校和教育主管部门畏首畏尾，不敢推进体育工作。

如何破除这个瓶颈，走出这个怪圈？其实还应从转变教育观念开始做起。长久以来，我们过于重视"智育"、忽视"体育"，长达十几年的应试教育，已经让人们形成了一种思维模式：分数是最重要的，体育可有可无。于是，一个个近视眼、小胖墩儿出现了，当他们以孱弱的身躯迈进大学的校门，所有的人应该深思，这就是教育的终极目的吗？教育，是为孩子升入大学服务，还是为他今后的成长奠基？

曾几何时，国人对"东亚病夫"的称谓耿耿于怀，经过几十年的努力，我们以为这个耻辱的称呼已经远离了，尤其是2008年北京奥运会的举办，极大地鼓舞了人们的信心。但热闹的竞技体育光环之下，国民体质尤其是学生体质的问题依然是步步惊心。

20年前，《夏令营中的较量》引起了广泛的讨论。而今天的我们更要思考：你拿什么与别人较量？你较量的底气何在？

体质不强，谈何栋梁？要知道，没有一个健康的身体，就没有一个健康的民族，也更谈不上民族与国家的强大。

（载《中国教师报》2013年1月9日）

总编七日谈
改革推动教育发展

作为一年教育工作的风向标，日前 2013 年全国教育工作会议在京召开，会议传递给人们最大的一个信号就是：改革推动教育发展。一天的会期，紧张的日程，从教育部部长到参会的各级代表，大家说得最多、谈得最多的都是改革。正如袁贵仁部长不断强调的，"当前教育发展最大的红利是改革，基本实现教育现代化、办好人民满意的教育依然要靠改革"。

毋庸讳言，改革对于教育的促进作用。尤其是当前，几乎人人在议论教育、批判教育，教育改革的呼声越来越高，越来越多的人意识到，教育改革关乎一代人的成长和命运，关乎国家的兴衰、民族的未来。

而回顾历史，之所以中国教育在今天取得这么多的成绩和进步，关键词也在于"改革"二字。正是因为改革开放 30 年来的革故鼎新，才有了今天教育观念的不断更新和教育制度的不断创新。

当前，教育改革进入"攻坚期"和"深水区"，改革如逆水行舟，不进则退。开弓没有回头箭。不仅改革者要继续不断地自我反思，与旧有的思维定式"搏斗"，即使是观望者，也应该意识到改革的趋势不可逆转，必须适应世界的潮流，成为改革大军的一员。

如何攻坚，走出"深水"？这既需要改革者的智慧，恐怕更需要改革者的决心和勇气。由此我们需要回溯百余年前梁启超曾经对改革说过的一段话："不变其本，不易其俗，不定其规模，不筹其全局，而依然若前此之枝枝节节以变之……吾知其必不能也。"

在这位思想家看来，改革是一个复杂的系统工程，必须抓住根本，全方位地"变法"，像以前那样修房补漏式的"温和"改革，只能越改越乱。

其实，教育改革又何尝不是复杂的系统工程？它环环相扣，牵涉到多个部门、多个群体，只要一个环节出错，就会影响到整体。如何迎难而上、攻坚克难，坚决破除一切妨碍科学发展的体制机制弊端，考验着每一个改革者的决心和勇气。

欣喜的是，已经有这样的前行者在做出实验和探索，他们直面困境，用自己的行动改变着中国教育，不消极，不浮躁，不盲目，为一方水土带来希望。

而这就是教育改革的魅力，它让我们所处的世界更有意义，更有生机，更有活力。

（载《中国教师报》2013 年 1 月 16 日）

总编七日谈

有一种感动叫师德

2013年1月15日，当湖南省新化县上梅镇北渡中心小学校长杨建一为保护学生，被入校行凶的歹徒刺中，倒在血泊中时，我们再次体会到了师德的力量。

其实，这样的场景并不陌生，"最美女教师"张丽莉，在失控的汽车面前勇救学生导致全身多处骨折，双腿高位截肢；"最勇敢教师"周玉兰在为高三学生送准考证时，遭遇劫匪，用生命保护了659张准考证。他们用自己的实际行动，诠释了师德的深刻内涵，昭示着道德的深远力量。更为难得的是，他们不仅守护着教师这个职业的道德之光，更荡涤和净化了整个社会的风气。

如今，很多人都在哀叹社会风气之差，尤其是"小悦悦事件"，更是重重撕裂了人们内心深处的伤口。甚至有一种偏激观点认为，为什么中国社会风气败坏，原因就在于教育和教师。面对社会媒体频频曝光的各种恶性事件，似乎这种观点已经找到了立足的依据。

是这样吗？杨建一、张丽莉们的行动已经作出了最好的回答。他们只是最普通不过的一线教师，并没有煊赫的名号和光环，但在危险来临之际，却毅然挺身而出。它不仅仅是一个下意识的举动，一种不假思索的行为，更来源于日常教育行为中无数次兢兢业业的付出。

教师不是圣人，他们在平凡的工作中，默默地教书育人；但教师却有一种特别的力量，正如乌申斯基所说："教师个人的范例，对于青年人的心灵，是任何东西都不可能代替的最有用的阳光。"但我们的社会给予教师的评价却有极端化的嫌疑——要么像个天使，要么就是魔鬼。是不是教师只有牺牲了健康乃至生命，才能获得社会和大众的认可？是不是教师把所有的精力放在工作上，没有了正常的生活，才能赢得各种奖励和荣誉？是不是教师毫无条件地包容和迁就学生，才算是家长认可的"好教师"？

我们呼唤良好的社会风气，我们期待享受更为优质的教育，为此，我们必须尊重那些真正教书育人的好教师，尤其是那些在基层默默耕耘的普通教师，因为他们羸弱的双肩，扛起的是国家的未来和民族的希望。

（载《中国教师报》2013 年 1 月 23 日）

总编七日谈

需要怀念,更需要深思

"最美校长"杨建一,当我们把各种各样的荣誉和赞美赋予这位小学校长时,他已经听不到了。

斯人已逝,除了怀念和追忆,我们还能做些什么呢?我想,更需要深思,为什么歹徒可以轻易翻墙进入校园,为什么学校里没有见到安保人员,为什么……如果这么多的为什么没有解决,是不是下一次,还会有类似的悲剧出现?

从小学生被砍伤,到校长以身殉职,这些悲剧事件在提醒我们:安全大于天,校园安保必须得到重视。当然,再提"校园安全"似乎已是老生常谈,上至教育主管部门,下至普通学校,不知对校园安全有多么重视,对安全这根弦绷得有多紧。各种文件、通知不断下发,大会小会上说得口干舌燥,甚至学生春游、外出参观这些校外活动,都因"安全"之故,已经被勒令取消了。但与"说起来重要"形成鲜明对比的是,校园安保"做起来次要","执行起来不要"。

发生问题了,就给予重视,狠抓排查整治,这种"运动式"的校园安保工作能够起到什么样的效果?是"亡羊补牢",还是"走个过场"?事实证明,如果校园安保工作只是一阵风,走走形式,那么各种政策和通知只能是"空头文件",不能发挥其应有的效力。悲剧还是会发生,没有终结。而比上述"运动式"作风更糟的是，很多学校尤其是农村偏远地区的学校，没有围墙，没有门卫，仅仅是退休老人看个大门，什么红外线报警系统、24小时查询监控设施，对他们来说不过是天方夜谭。

杨建一校长所在的学校，显然就是这样的"空白地带"，因而出现了这样的悲剧。事后，很多网友提出了无数个如果，如果学校的围墙更高一些，如果保安配备更齐全一些，如果防控措施更严密一些……可惜这些"如果"只是如果。

怎么样才能让校园成为最安全的地方？除了加大投入，除了配备保安，我们还应该做些什么来避免事故的再次发生？比如是否有必要对学校周边社区环境进行摸底，研究有犯罪案底或犯罪倾向之人的住所和聚集地；是否需要健全资料库，以便开展有效的预防工作；是否给学生和老师们上点安全课，知道在面对歹徒时该如何应对？

校园的安全不能靠个人的牺牲来成就，而要靠扎实的防范措施来确保。希望地方部门能够从生命的高度重视校园安保，加大资金与人员投入，建立起预防机制，真正把危险消灭在萌芽中，让校园成为老师和学生快乐生活的地方。

（载《中国教师报》2013年1月30日）

总编七日谈

期待校长早日"专业化"

三月的春天,全国的中小学校长迎来了属于自己的一份特别礼物——《义务教育学校校长专业标准》。

按照官方说法,专业标准是对义务教育学校合格校长专业素质的基本要求,是制定义务教育学校校长任职资格标准、培训课程标准、考核评价标准的重要依据。

从这个意义上说,校长自我成长有了路线图,教育行政部门选拔任用校长有了官方指南,而高校培训有了更有目的性的计划和方案。

毫无疑问,这是基础教育领域的一件大事、一件喜事。无论是教育界人士,还是社会人士,都对此持欢迎的态度。

为什么大家对校长专业标准这么期待、欣喜,我想,这是因为长期以来校长不够专业的尴尬现状造成的。众所周知,学校是一种特殊的组织,而作为这个特殊组织的领导者——校长,他在具体实践中如何规划、领导和管理学校,如何培养学生和教师,如何提高自己的水平和能力,其产生的作用和影响都是深远的。但遗憾的是,长久以来,我们对校长的定义是模糊的,校长该做什么,不该做什么都没有清晰的界限。

由此,出现了这样一些情况:有的校长脱离教育教学,忙于应酬;有的校长不懂业务,瞎指挥,遭到教师抵制;还有的教师"教而优则仕"，当上了校长，却丢了专业……凡此种种，校长到底是抓管理，还是抓教学，校长到底应不应该上课，这些问题困扰着很多校长。

而这正是校长专业标准出台的意义所在，让校长回到原点，明白自己应该做些什么，应该如何发展自己。校长专业标准提出的5个基本理念、6项专业职责和4方面的实施建议，尤其是6项专业职责又细化为60条专业要求，对校长如何规划学校发展、如何营造育人文化、如何领导课程与教学、如何引领教师专业成长以及怎样优化内部管理和怎样调适外部环境等提出了非常明确的要求。

这些要求，将真正让校长走上专业化的发展道路。当然，也有人说过，以前没有专业标准，不是也有好校长出现吗？但正如一位学者所说，一所好校长就是一所好学校，更多的是强调校长个人的魅力，更多强调的是"人治"，是校长个人的自主动作，而校长专业标准则是在体现教育规律和时代需求的基础上，将引领校长专业发展的要求普适化，为好校长的诞生提供制度环境。

因此，我们期待各地尽快依据校长专业标准制定符合本地区实情的实施意见，让更多的校长走上专业化成长之路。

（载《中国教师报》2013年3月6日）

总编七日谈

别忘了家长也需要减负

一直以来,减负都是"两会"关注的热点。年年减负,为什么这个"负"却总是减不掉呢?上至教育主管部门,下至普通学校,都在为减负耗尽脑汁,出谋划策,加大行动,甚至教育部最近还在开展"减负万里行"大型活动。

以北京最近的减负"京八条"为例,其方案不是不"细致",严格控制学生在校学习时间,严格控制作业量,严格规范考试和评价工作,等等。但另一种现实却出现了,一些家长在抱怨,孩子学习时间少了,考试怎么办?就半小时作业,小升初能行吗?

减负,除了减掉学生的负,恐怕还得为家长减负。

在中国,望子成龙、望女成凤历来是父母的夙愿。而随着独生子女家庭的增多,父母对孩子的期望值也变得越来越大。这种期望伴随着孩子的出世,从小学到初中,从高中到大学,一直不曾远离。而更多时候,这种期望会转变成越来越大的压力和越来越强的焦虑。

如果非要追溯这种焦虑与压力的源头,除了传统使然,更与我们目前这种无法兼顾公平的社会环境有关。因为出身、财富以及由此而成的圈子、阶层,形成了一个个天花板,让资源稀少、力量薄弱的公众不由自主地产生焦虑恐慌情绪,他们自然会把情绪投射到下一代的身上,希望下一代实现自己没有实现的梦想，在这个社会能够获得更多的资源，达到改变命运的目的。

但这样做，真的就好吗？孩子从小背负着沉重的负担，怎么可能在未来的日子振翅高飞？孩子在被人设计的模式和框架下成长，怎么可能生长出创造性的新思维？

父母的教育责任是什么？让我们回味一下德国教育家卡尔·威特说过的话："父母，可贵者在于发展孩子天赋的内在力量，使其不怕挫折，勇于挑战，在社会上能尽其才，达到他应有的地位。"这就是教育的最终目的。

为孩子减负的同时，也要为家长减负。

"如果一个孩子连做梦的时间都没有，他怎样去实现自己心中的梦想？"全国人大代表吴正宪为学生减负的呼吁，引发了许多人的共鸣。而今我们呼吁，不仅让孩子有时间做梦，也要给家长留一点时间，让他保留一点梦想，因为梦想和快乐是可以传递的。

（载《中国教师报》2013 年 3 月 20 日）

总编七日谈

中国梦　立德梦

中国梦是民族的梦,也是每个中国人的梦。现在,每个人都在谈中国梦,其实就是一次思想的凝聚、力量的集合。正如习近平同志所说,只要我们紧密团结,万众一心,为实现共同梦想而奋斗,实现梦想的力量就无比强大。

而对每一个教育人来说,作为中国梦的重要组成部分,教育梦的实现同样关系重大、刻不容缓。每一个中国人所认定的教育梦有着鲜明的传统印记、不同的本土特色,是基于特定国情的特别的教育信仰。

在这方面,教育部部长袁贵仁用16个字作了具体的阐述:有教无类,因材施教,终身学习,人人成才。

在这16个字中,最重要的就是最后4个字——人人成才,这也正是十八大所提出的教育的根本任务——立德树人。立德树人,就是为实现中国梦奠定坚实的人才基础和强有力的精神保证。

今天,我们要树立什么样的道德观,培养什么样的人,这是考验所有教育人的难题。这个"德"字如果没有立起来,教育的未来,民族的明天,实在难以想象,这也正是为什么教育部基础教育二司于近日连续召开三次研讨会,就立德树人工程进行研讨的原因所在。

但是,正如中国梦需要每一个人的努力,立德树人同样是全社会的共同责任，需要加强家庭、学校、社会的协作，建立多部门联动的工作机制，营造共同育人的大环境。对学校来说，要以课堂为主阵地，全面实施素质教育，坚持文化知识学习与思想品德修养的统一。对家庭来说，父母要用自己的言传身教来影响孩子，正确引导、培养孩子的社会责任感。对社会来说，各个部门应该积极联动，建立相关工作协调机制，为孩子的成长创设良好的环境和氛围。

或许，在很多人看来，道德是一个虚无缥缈、形而上的东西。似乎在当下强调"德"的重要性有空谈之嫌，但不要忘记，200多年前英国学者亚当·斯密在《道德情操论》所说的，道德情操永远种植在人的心灵里，人既要"利己"也要"利他"，唯有此，人类才能永恒。

时代在不停地变化，科技在不断地发展，但道德建设的重要性永远不应消减，尤其是对于青少年来说更是如此。永远要记住，在人的成长过程中，德育是第一位的。

由此，我想说，中国梦，立德梦。

（载《中国教师报》2013年3月27日）

总编七日谈

少年梦托起中国梦

有梦想才有目标，有希冀才会奋斗。不论是国家民族，还是单位个人，梦想都是保持生机、激发活力的源泉。

在中国梦的丰富内涵中，"人"无疑是极为关键的要素。涓流汇海，聚沙成塔，中国梦渐行渐近的步伐，有了每个人的共同"给力"，才有国家社会的不断前行，才能让更多人敢于做梦、勇于追梦、努力圆梦，凝聚起推进民族复兴的中国力量。

在众多逐梦的中国力量中，少年学子的努力最不能忽视，因为他们是祖国的未来所系，是民族复兴持续不断的动力源泉。

于是，我想起了多年前，梁启超极力歌颂少年的朝气蓬勃——少年智则国智，少年富则国富，少年强则国强，少年独立则国独立，少年自由则国自由，少年进步则国进步，少年雄于地球，则国雄于地球。使举国之少年而果为少年也，则吾中国为未来之国。

不要忘记，梁启超写这篇《少年中国说》的时代，当时正是戊戌变法失败后的 1900 年，作为"老大帝国"的中国，更加迫切希望出现一个"少年中国"，振奋人民的精神。也正因为如此，这种对少年的尊崇和歌颂一经面世，便风靡一时，各种各样的少年团体频频出现，甚至有了少年中国学会的问世。其规章开宗明义第一条即是"本科学的精神，为社会的活动，以创造少年中国为宗旨"。

  100多年后的今天，这种信念并没有过时。我们同样期待少年的力量，用朝气蓬勃的少年梦托起广袤悠远的中国梦，这也正是中国教师报为什么发起"少年中国梦"全国巡回演讲活动的原因。

  不要小看了少年的力量，不要忽视了少年的梦想。少年有梦则民族有望，少年追梦则国家昌盛。期待，每一个少年人都有机会畅想自己的"少年中国梦"，同享人生出彩的机会，同享梦想成真的机会，同享和祖国、时代一起成长与进步的机会。

（载《中国教师报》2013年4月3日）

总编七日谈

减负，责任在谁

减负，在当下，又成为一个热门话题。

从北京的减负"京八条"到太原的"并十条"，减负再次进入人们的视野，或者说，它是一个常说常新的老问题，已经成为教育的痼疾，从来就没有脱离过人们的视野，似乎永远难有解套之时。

为什么会这样？一提起减负，从家长到教师，从校长到局长，都有很多话要说，有一点毫无疑问已经形成共识，就是童年本应是美好的，学生本应无忧无虑地生活，快快乐乐地学习。

但说归说，一落实到行动上，却都行动各异。教师害怕学生"吃不饱"，布置大量的习题；家长害怕学生"学不好"，给孩子报各种特长班、培训班；校长害怕成绩"掉下来"，甚至成了集体补课的"帮凶"。

当然，这种情况正在发生改变，越来越多的教育行政部门勇于承担起自己的责任，通过一系列的改革，减轻学生身上的负担。这样的变化，值得庆幸，说明一些部门已经意识到，教育应该追求什么，应该摒弃什么。

可是，另一种情况产生了：当政府部门出台政策，以制度的方式规定了学生在校时间、作业量等，家长却持以怀疑与否定的态度开起了"倒车"，把孩子的负担从课堂延伸到课外乃至"双休日"，于是出现了

"学校减负，家长加负"的现象，甚至有人主动要求学校不要太放松。"希望学校把放学后的学生也管起来"，"学习，本来就是一件苦事，孩子太闲了，不利于成长"……这样的论调，我们听到了太多。

更可怕的是，在这样的舆论环境中，很多地方的减负减着减着就徒具形式，转了一大圈，重新回到了原点。

在很多家长看来，似乎减负等同于成绩下滑，增负等同于成绩上升。但这两者的关系其实并不是一种正比例关系。教育自有其内部规律可循，增负并不等同于增效，说得更严重一点，有时增负不但没有效果，反而带来恶果。它扼杀了孩子的兴趣和乐趣，戕害的是孩子的想象力与创新力，损伤的是孩子的长远利益。

或许，很多家长会辩解：评价方式不改，我们有什么办法，无非是为了让孩子考一个好的小学、中学、大学。

但是在评价方式不变的情况下，我们是否只能毫无作为？我想，这是不对的。减负是公共责任，教育行政部门是这个公共责任机制运转起来的关键。但减负也是个体责任，从家长到教师，再到校长，都应该守土有责，承担起那份沉甸甸的责任。所谓的教育舆论是由每一个教育人的声音共同形成的，所谓的教育环境是由每一所学校、每一个家庭共同构成的。孩子是一个个鲜活的生命，而我们每个人要做的是，从自己做起，为他们的生命负责，为他们的未来负责。

（载《中国教师报》2013年4月17日）

总编七日谈

灾难，让我们学会尊重生命

很多东西，在平常无法显现，但在危机时刻，却异常清晰而又鲜明，震撼着每一个人的心灵。

一位母亲，为了救儿子，用手扒开重量达 100 斤的水泥板。她自己都不知道自己哪来的力气。

一个小伙子，不顾频频摇晃的房子，徒手刨救出母亲。

一位严重受伤的 3 岁女孩，尽管身上还有血迹，但她微笑地说："我没事，我不哭，我很坚强。"她的镇定感动了很多网友，有人这样说："你一笑便是整个沧海，美了这个人间。"

地震是惨烈的，但人性是温暖的，温暖了这个因为自然灾害而苍白冰冷的瞬间。

灾难可以夺去生命，却挡不住温情。从汶川大地震到雅安地震，中国是世界关注的焦点，中国也在感动整个世界，尤其是我们在救灾过程中书写的一个个大写的"人"，它穿越国界和语言的界限，体现出对生命的尊重。

因为对生命的尊重，中国政府对地震做出了最快速的反应。习近平总书记作出指示，要求把抢救生命作为首要任务；救灾现场李克强总理反复强调："现在救人是第一位的！"

因为对生命的尊重，各个部门都以最快时间启动快速反应机制，医疗卫生部门、供电部门、慈善机构，都以更加理性、有序、科学的态度，积极投身到抗震救灾行动中。

因为对生命的尊重，教师在大灾发生时选择让学生先走。芦山县国张中学教师田霞用身体为学生疏通生命的通道；芦山一中教师洋从军顾不上病中的父亲和女儿，重新返回到学校安顿学生。

欣慰的是，越来越多的教育人意识到，尊重生命之于教育的重要性，或者说，尊重生命应该是一切教育的核心理念。在学者孙云晓看来，生命与教育是如此密切地融合在一起。正是基于此，近年来，生命教育逐渐成为教育研究的重要领域，日益受到关注和重视。

雅安地震，带给我们极大的伤痛和震撼，但痛定之后，我们需要更为深入的思考，该怎么给孩子上好"尊重生命"这一堂课，让孩子学会尊重自己的生命、他人的生命，进而珍惜生命的价值。要知道，这不是天然就能学会的。

灾难，让我们学会尊重生命。

（载《中国教师报》2013年4月24日）

总编七日谈

青春梦·中国梦

刚刚过去的五四青年节，习近平总书记对青年寄予了厚望，他说道："中国梦是国家的、民族的，也是每一个中国人的；中国梦是我们的，更是你们青年一代的。"

没有梦想是可耻的。两千多年前，楚人屈原说"路曼曼其修远兮，吾将上下而求索"，其寻梦的执着和神圣流传至今；两千多年后，中国人依然在孜孜寻梦，这个梦里有强国梦，有安居梦，有健康梦。

中国梦是全国各族人民的共同理想，也是青年一代应该牢固树立的远大理想。

我们总说"千秋家国梦"，绵延几千年的中国文化中，家与国的概念如此血脉相连、不可分割。"国家兴亡，匹夫有责"，短短8个字，代表着中国人厚重的历史使命与民族责任感。这也正是90多年前的5月4日那一天，为什么青年人热血沸腾冲上街头，发起"五四"运动的原因所在。一句话，责任使然。

然而，时间走到今天，这种勇气和热血却在现实面前显得似乎有点苍白无力。正如一个评论提到的，多数青年或出于风险不可抗拒，或因为生活缺乏保障，只能屈从既有的生活经验，按部就班地经营自己的生活。诸如高房价的威胁，体制内外处境差异的想象，造就了追求自我维稳、谨慎消费的"新穷人"一代。

"青年的动人之处，就在于勇气，和他们的远大前程。"王小波曾这样说过。心中有梦，脚下有路。每个青年心中有梦想，才能敢于有梦、勇于追梦、勤于圆梦，为实现中国梦增添强大的青春能量。如果我们想实现中国梦，毫无疑问需要这些有勇气，敢于创新，敢于质疑，敢于上下求索、开拓进取的人。这些才是青年人应该具有的思想内核和品质。

于是，《中国教师报》用7版奉上了湖南省株洲市景弘中学的报道，希望告诉更多人，在梦想的高蹈与现实的残酷之间，还有这样一群青年人，他们用自己的智慧和心血，在立足本职的创新创造中不断积累经验，取得了丰硕的成果，实现了自己的人生价值，让自己的青春在教育改革的过程中熠熠闪光。

青春有梦，勇敢去追，伟大的中国梦召唤着更多青年砥砺前行。

（载《中国教师报》2013年5月8日）

总编七日谈

用好"4%"

4%彻底实现了！最近财政部公布，2012年全国财政性教育经费支出达2.2万亿元，已经实现了国家财政性教育经费支出占国内生产总值比例达4%的目标。

其实，对于这样的喜讯，我们早已有所预见。2013年，温家宝同志在十二届全国人大一次会议上作政府工作报告时说，国家财政性教育经费支出5年累计7.79万亿元，年均增长21.58%，2012年占国内生产总值比例达到4%。

2.2万亿元的教育支出，让人看到了国家推进教育优先发展的信心和决心，更让很多为4%奔走多年的教育人士备受鼓舞。

从某种意义上，我们进入了"后4%时代"，现在我们面临的问题是，如何把这些钱用好，切实解决社会普遍关注的重大问题，提高各级各类教育质量，进一步促进教育公平，为国家发展提供强大的人力资源支撑。

当然，必须要承认，如何用好这个"4%"的钱，并不容易。从义务教育免学杂费到中职教育免学费，从农村义务教育薄弱学校改造计划到全国中小学校舍安全工程，从农村义务教育阶段学生营养改善计划到各大城市的改扩建幼儿园计划……一项项计划，一个个工程，都急需真金白银的投入，尤其是农村、边远、贫困和少数民族地区，这里的义务教育、职业教育和学前教育，这里的家庭经济困难学生，这里的教师都更需要物质的支持。

我们总说教育公平和教育均衡。从教育公平的角度讲，地方政府与教育部门应该把新增义务教育投入向薄弱地区、薄弱学校、薄弱群体倾斜。但遗憾的是，一些地方政府基于政绩的需要，更愿意集中所有的财力物力，集中打造一所学校或者有限的几所学校，这就是所谓的"县中效应"。而其他薄弱学校，因为需要投入更多，见效比较缓慢，因而更容易成为被遗忘的角落。由此造成的恶果是，教育差距越来越大。

教育经费投入，不是锦上添花，而是要雪中送炭。这一点尤其要为教育行政部门所谨记。这是民心所向，更是当务之急。

所以，从某种角度来说，用好4%比实现4%更关键，更重要。除了加强监管，形成制度保障外，更需要教育行政部门转变教育观念，真正从公平的角度用好钱。

（载《中国教师报》2013年5月15日）

总编七日谈

教育现代化需要教师现代化

到 2020 年，基本实现教育现代化。这是当前和今后一个时期教育系统最重要的任务，也是无数教育人心心念念最宏伟的梦想。

前往梦想的道路必然是曲折的，如何实现教育现代化，以什么样的手段、什么样的方式、什么样的途径才能实现这样一个伟大的目标？这考验着每一个教育人的智慧。

当然，学界对于教育现代化的内涵、特征还有许多不同见解，但有一点可以肯定，教育现代化一定是人的现代化，而这里的人，不仅包括受教育者——学生，也包括教育者——教师。

从这个意义上说，教育现代化，不仅仅是一座座现代化的漂亮校舍的崛起，不仅仅是一个个气派的篮球场、宿舍楼的完工，不仅仅是一个个远程教育平台的建成，更是一个个鲜活个体的华丽转变。

而在这个人的现代化的过程中，我们必须对教师给予特别关注。或者说，为了让教育的主体——学生享受"教育现代化"，必须先让施教者——教师拥有现代化的教育理念、现代化的教育手段、现代化的教育环境等等。尤其是在如今这样一个信息时代，更需要教师适应时代的要求，以全新的态度来审视自我，发展自我，做一名现代化的教师。

教育现代化需要教师现代化，而教师现代化首先需要教育观念现代化。这就要求教师教会孩子的不仅仅是知识，还有一种对学习过程的美好体验，对世界执着的探索能力，对未来不息的创新能力，他要带给孩子们完整的独立人格、客观而理性的判断能力、终身保持的学习能力。

于是，我们的教师就不仅仅是一个教书匠人，他也应该是具有独立人格的人，具有理性判断力的终身学习者，他要与时俱进，以更加开阔的视野，为学生提供更为广阔的天地。

教育，从来不是"只见物质不见人"的单向建设，而是一项以人为主体的复杂的系统工程。每一个教师身处现代化的过程中，从事着现代化的教育，培养着现代的孩子，而他们，就是现代化的新教师。

（载《中国教师报》2013年5月22日）

总编七日谈
为农村考生提供更多选择

高考来了，又到"考前综合征"爆发时。

126名高三学生身着汉服为高考祈福孔子，某市停供全市网吧宽带业务，甚至有地方联合6大政府部门推出高考期间"限噪令"……每年的这个时候，总会有各种各样千奇百怪的新闻在挑战着人们的神经。

家有考生者自然对以上举动拍手称快，而一众"围观者"则多持否定态度，因为一些"为高考让路"的举措已经突破了底线，甚至影响到社会其他人的正常生活秩序。

其实，不单单中国有高考压力，亚洲其他许多国家也同样面临着极大的考试压力，尤其是韩国和日本。

据报载，在韩国，考大学就被比喻为一场"核战争"。每年韩国高考当日，大部分企业都要晚上班一个小时，为的就是让考生能够不受到交通不畅的影响。而在日本，为了能考上重点大学，很多学生参加各种课外补习班已是见怪不怪。每到高考前夕，很多家长和学生都会到专门供奉"学问之神"的寺庙进行祈祷。

为什么有这么多的高考白热化现象？除了亚洲人独有的"考试"情结之外，其实更是社会资源有限、上升渠道狭窄的一种反映。

我们常说，教育改变命运，而如果具体到教育的某一个领域、某一个学段，改变命运的非高考莫属。古人说："朝为田舍郎，暮登天子堂。"今人说："高考是社会地位的提升机。"从古至今，越来越多的"田舍郎"加入到这场考试竞争中，凭借自身的付出与努力，改变自己的身份和命运，从而实现了阶层间的流动。

但现实是，这种上升的渠道似乎变得越来越狭窄。不仅仅是农村学子，大部分城镇出生的孩子，一样面临这种问题。从"拼学习"到"拼爹"，在经济、权力上取得优势的阶层，因为自身享受的资源优势，在一定程度上阻碍了更多底层向上流动的可能性。近年来农村生源在重点大学所占比例逐年下降的事实，更证明了这种资源的稀缺和匮乏，也更加剧了竞争的白热化和惨烈程度。

上个世纪80年代，"潘晓们"发出呐喊："人生的路呵，怎么越走越窄。"而今，我们一样要呼吁，社会应该为学生提供更多的选择和可能性，一方面，我们期待更多的农村学生通过高考改变自己的命运；另一方面，我们期待更多的农村学生能够有更多的选择走向幸福的远方。

（载《中国教师报》2013年5月29日）

总编七日谈

性安全教育，刻不容缓

对于一些孩子来说，这个"六一"并不快乐。

伴随着儿童性侵犯事件越来越多地浮出水面，儿童的性安全教育越来越引起公众的高度关注。

调查显示，在儿童性安全知识教育方面，无论是家长还是学校都存在着很大缺位的情况。

曾几何时，我们是"谈性色变"的国度，成人如此，儿童的性安全教育更是讳莫如深。似乎让孩子生活在一个最"纯洁"的环境，便可以保证他的"安全"，但事实是如此吗？现实给了我们一个个沉重的教训。这样的"纯洁"让孩子处于危险的边缘。他们面临的危险不仅仅有各种外界的侵犯，还有内心深处对"性"的迷惘与不解。

这让我想起了几年前的一本书《藏在书包里的玫瑰》，作为中国第一部中学生性问题访谈实录，它向我们揭露了中学生表面平静安稳学习生活背后隐秘而危险的一角，青春期少年并没有我们想象中的那样"懵懂无知"，他们对爱情、对自我都充满了新奇和探索欲，但如果没有恰当的引导，关键的几步行迟踏错，都会对他们的一生产生难以估量的影响。

但遗憾的是，这样的访谈实录太少了，甚至还被一些家长和教师当作洪水猛兽，拒之门外。这就是问题的关键所在，表面上看，我们把孩子置于"众目睽睽"的位置上，对他们给予无微不至的关心与呵护，可是这种关心与呵护更多出自成人的一厢情愿，而不是真正从他们的身心发展特点出发的。从这个意义上来说，孩子是"沉默的大多数"，他们隐匿在沉默背后的各种诉求和愿望并没有得到充分的表达。

孩子需要教育，需要关注，需要帮助，而这些行为的共同前提是了解他们。正如专家所说，家庭应成为孩子学习性知识的第一所学校，父母应成为孩子性教育的第一任老师。在孩子成长的过程中，亲子关系和师生关系是孩子发展的两条关键生命线，他们应为每一个孩子的健康成长提供安全的庇护与帮助。

面对现实，成人必须叩问自己，我们做到了吗？

这种叩问不仅仅发生在"六一"——这个属于儿童的节日，更应该时时震动着每一个有良知的人。从现在开始，行动起来，用更严密严格的法律法规，更有效扎实的教育举措，让每一个孩子的身心健康地发展。

（载《中国教师报》2013年6月5日）

总编七日谈

打破教师铁饭碗的背后

近日,"打破教师铁饭碗"再次成为新闻热点,其实这本不是热点。早在两年前,教育部有关负责人就已经透露,国家将启动教师资格准入制度改革试点,实行教师资格考试,建立教师资格定期登记制度。而在去年出台的《国务院关于加强教师队伍建设的意见》中,特别提到了全面推行聘用制度和岗位管理制度,完善教师退出机制,其实这已经涉及打破中小学教师终身制的内容。

随后,上海、广东、浙江相继出台政策,开始打破教师"终身制"。

要不要打破教师终身制,一直以来争论不休。反对者认为,教师终身制体现了国家对教师的尊重与关心,只有把教师放在"保险箱"里,才能让教师没有后顾之忧地从事教育教学。支持者则认为,教师终身制让一些教师不思进取,让教师缺乏上进的动力、改变的勇气,同时也会让一些"南郭先生"留在教师队伍中,对教育的健康发展不利。

把教师放在"保险箱"中,就是对教师的尊重和支持吗?我看未必。其实,真正的重点不是"教师终身制",而是从物质与精神两个方面给予教师足够多的保障,真正把"尊师重教"落到实处,这才是对教师最大的尊重与支持。

在物质方面,就是从改善和提高教师的待遇开始,为他们提供一个安全和谐的生存环境。《国务院关于加强教师队伍建设的意见》要求"依法保证教师平均工资水平不低于或者高于国家公务员的平均工资水平,并逐步提高,保障教师工资按时足额发放",但现实的情况是,在农村地区和偏远地区,这个目标还没有实现,一些农村教师依然是贫困的代名词。如何改变这一情况,还有待于各地政府出台的利好政策。

在精神方面,就是对教师进行精神层面的引领,为他们创造一个专业发展的成长环境。从国家、地方到学校,出台的每一个措施,都要努力激发教师学习的积极性和主动性,让他们在价值和情感上获得满足与愉悦,从工作和成长中收获尊严与幸福。

打破教师资格终身制,不是"剥夺"教师的安全感,而是为教师带来更多的机遇与活力。愿更多的教师看到这一点,更愿我们的政策和措施能随之跟进,真正让教师成为太阳底下最光辉的职业。

(载《中国教师报》2013 年 6 月 19 日)

总编七日谈

教育，抚平焦虑的良药

暑期到了，比天气更炎热、焦灼的是人心。

随着中、高考的结束，考试分数的公布，各种"考后焦虑症"纷纷涌现，不少学生出现了紧张、失眠，甚至抑郁、自闭等情况。

其实，这种焦虑不是中、高考后才有的，早在准备考试之前就已经出现。而在一些家长那里，这种焦虑甚至已经延伸到更早之前，体现为各种各样的选择性焦虑，比如"入园难"、"小升初"、"初升高"等，尤其是到了考试的关键阶段，这种焦灼和痛苦就显得更为强烈。与中国孩子的"考试焦虑症"相比，中国家长患上的"集体焦虑症"显然时间跨度更大，影响更深。

是因为有了家长的"集体焦虑"，才促成了孩子的"考试焦虑"？

但家长也有矛盾和苦衷，归根结底指向——"怕输"，不能输在起跑线上，不能输在幼儿园，不能输在小学，不能输在初中，更不能输在高中。当然，这其中也不乏一些家长试图"放手"，为孩子"减速"，力图为孩子创造一个相对宽松的环境。但这种"放手"到了考试的关键时期，都会在无形的社会压力和现实面前"低头"。

然而，即使这些都赢了，是否就意味着一个美好的开始、灿烂的未来？

学业负累，频繁加班，情绪郁闷……"压力山大"成为公众挂在嘴边的话语，当"你幸福吗"成为2012年最热门的词汇时，各种各样的调侃和自嘲的背后，已经不仅仅是家长们的"集体焦虑征"那么简单，更是整个社会的集体性焦虑。

为什么人们普遍感觉压力过大、社会失调？追根溯源，还在于人的发展和权利没有得到足够重视，人的尊严和幸福没有得到足够关注。当人们习惯把进入一所好学校、考出一个好分数、谋求一份好职业作为"成功"的标签时，其实在本质上已经输掉了，输掉了对幸福生活的理解，输掉了对社会公平和个人价值的追求。从这个意义上说，"分高就是硬道理"和"钱多就是硬道理"有异曲同工之妙，都是在片面追求一种畸形的价值观，看似赢了物质与体面，却失去了灵魂与精神。

"中国式焦虑"可休矣，我们需要的是，真正关照自己的内心，寻求内心的平静。教育，不是制造焦虑的行业，而应该是抚平和消弭焦虑最好的良药。

（载《中国教师报》2013年7月3日）

总编七日谈

"减负",家长也有份儿

放暑假了。这是各地下达"减负令"后的首个暑假。

现实与理想总是有点出入,学校布置的作业减少了,但家长布置的"作业"却没有减少。五花八门的唱歌、舞蹈、书法补习班,还有各种名目繁多的"火箭班"、"冲刺班",本应是孩子节日的暑假已经成为"第三学期"。

其实,这样的结果不是今年才出现,而是每年定期上演的戏码。正因为如此,暑期早已成为教育培训业的黄金季节。

《国家中长期教育改革和发展规划纲要(2010—2020年)》提出:减轻学生课业负担是全社会的共同责任,政府、学校、家庭、社会必须共同努力,标本兼治,综合治理。

因此,转变家长的教育观念已经到了刻不容缓的时候。

其实,长久以来,我们整个社会都存在着重视学校教育、轻视家庭教育的状况。但实际情况是,家庭教育是教育的基础,孩子教育的根在家庭。

在孩子的成长过程中,家庭教育比学校教育和社会教育更能贴近孩子的心灵世界。尤其是在学校出现以前,孩子的社会化过程都是由家庭教育来实现的,从某种意义上说,学校的出现,是把家庭教育的一部分职能转移到学校中去了。家庭教育是素质教育的基础，如果家庭教育这个基础没有打牢打实，我们很难想象孩子会有美好的未来。

现在，教育行政部门都在力促"减负"，改革的力度不可谓不大，但这些措施如果没有家长的配合，可能并不能收到预期效果。我们常说，与"减负"相对的是"增效"，这里的"增效"不仅是提高教师的教学效率，提高教师的教学素质，更要改变家长的教育理念，提高家长的教育能力。

家庭教育应该成为全社会关心的话题，重视家庭教育是学校实施素质教育成败的关键所在，也是现代教育的应然选择。无论是家长，还是学校，都面临着共同的目标，只有"心往一处想，劲往一处使"，教育才有希望。

暑假到了，希望我们的家长不妨静下心来，思考一下自己在"减负"中的责任与角色。期待，孩子们尽早拥有一个真正属于自己的假期。

（载《中国教师报》2013 年 7 月 17 日）

总编七日谈

热培训背后的冷思考

2013年的夏天注定将记入史册，因为其超乎以往的高温。

而在这个炎炎夏日，很多教师并没有闲着，参加各种各样的培训和学习，成为他们主要的暑期生活内容。

众所周知，教师平时教学任务重、时间紧，很难挤出时间"充电"，而暑假为广大教师专业成长提供了宽裕的"发展空间"，因而成为教师培训的黄金季节。

但这个黄金季节的效果如何呢？一些培训陈旧单调，教师讲得口干舌燥，学员听得昏昏欲睡；一些培训脱离实际、缺乏针对性，参训教师如听天书，听完就完了，并没有落实到本职工作中。结果是，组织者——教育行政部门感到花了金钱与时间，却出不了效果，恨铁不成钢；参与者——教师却不无委屈，牺牲了暑假时间，听了一大堆不切实际的理论，除了筋疲力尽，再无其他收获。

为什么会有这样的情况？问题到底出在哪里？我想，还是应该回到原点，反思教师培训中出现的问题，真正转变教师培训的理念。

传统的教师培训，仍然沿袭传统课堂中"教师讲学生听"的模式，"培训者讲，受培训的教师听"，教师在培训中只是被动的听讲。更令人担忧的是，它忽视教师的个体差异，忽视教师的地区差距，不能做到

"因材施教"，认为只要传授了正确的、科学的教育理论，教师就能理所当然地应用到自己的教育教学实践中。

接受了这种模式培训的教师，能以什么样的态度对待自己的学生，可想而知。

新课程改革已经推进10余年了，教师培训方式的变革正是改革的重要内容之一。这也正是《中国教师报》特别强调和呼吁的：教师培训也应"新课改"，要充分体现"自主、合作、探究"的理念，要强调教师的主体地位，要有更多的"参与式"培训、"分享式"培训涌现出来，唯其如此，才会让更多的教师受益。

每年的暑假，我们不仅期待看到更多热火朝天的培训，更期待看到更多一线教师走上培训的讲台，真正发挥主体的作用，成为培训的主角。

（载《中国教师报》2013年8月21日）

总编七日谈

让更多人看到减负的可实现性

教育部对小学生减负提出的"十条规定",从阳光入学到均衡编班,从"零起点"教学到不留作业……每一条都直指当下教育教学的种种弊端,可谓环环相扣。

但即使这样看上去"无比正确"的规定也会引来争议。据某媒体的随机调查,一些教师对"不留作业"一条争议最大。其实,不仅是教师,就是很多家长也会认为,学生写作业是天经地义。其余诸如"随机编班"、"全面取消百分制",都不同程度地遭到了家长和教师的质疑。

为什么会有质疑和争议?不能简单地归结于家长和教师没有素质教育的理念,依然固执地走应试教育的老路。从另外一个角度去看,这是对年年减负、负担越减越重的无奈的反馈。

减负,我们提了很多年,而每年的开学和放假,更是各种"减负"文件密集出台的时候,从中央到地方,各种"减负"实施方案五花八门,层出不穷。但效果如何?有目共睹。减负之后,依然乱象频出,学生的负担并没有得到实质性的减轻,相反,教师和家长的信心却是越减越低,甚至再提减负已经产生抵触乃至反感的心理。

减负不从根子上抓起,不从行动上切实加以贯彻,再多的文件出台也只会起到"令不行禁不止"的效果,反而消弭了教育主管部门的公信力。如何才能让减负落到实处？当前最重要的是让教师和家长看到政府减负的决心，看到减负的可实现性。

减负，从来不缺各种形式主义的口号和目标，相反，最缺乏有真实效果的实际行动。

而此次小学生"减负十条"的最后一条，特别提到了强化督查，即各级教育督导部门要对减负工作定期开展专项督导检查，县区教育行政部门要严格责任追究，对加重小学生课业负担的有关负责人和直接责任人进行问责。

有行动，就必须有反馈。我们期待这样的检查和问责能有更为详细的规定加以落实，能够保障减负工作的深入开展。如果依然一边高唱"素质教育"高调，一边仍"汗水+泪水"，是无论如何也难以将学生的"负担"减下来的。

（载《中国教师报》2013年8月28日）

总编七日谈

让更多的孩子有梦

每年 9 月的"开学第一课",已经成为全国中小学生迎接新学期的特殊"仪式"。

与往年不同,今年"开学第一课"的主题是"乘着梦想的翅膀",正如《开学第一课》的主持人撒贝宁所说,每个人的梦想可能宏大,也可能微小,但当这些大大小小的梦想汇聚在一起,就会成为生机勃勃的"中国梦"。

梦想的力量有多大,是无可估量的,这也是今天人们如此重视梦想的原因。但在我们大谈梦想的背后,是许多孩子对未来的迷茫。最近的一项调查研究表明,现在有 85% 的初中以上青少年认为自己没有梦想,很多人表示"对于自己的未来非常迷茫"。

对于一个孩子来说,他的梦想是什么?取得好的分数,考上好的大学?其实,这更像是家长和老师的梦想,而不是孩子的梦想。更可悲的是,如果把"你有什么梦想"的问题抛给孩子们,他们的回答更像是成年人的反应,除了那种具体的、可见的、功利的梦想,他们不愿意把目光放得更远一点、更高一点。

没有梦想,把梦想看成是"做梦",这不是孩子的责任,而是因为整个社会的浮躁和学校教育的功利。孩子们整天忙于学习,忙于应付各种考试，根本没有时间沉下心来去思考自己的过去、现在，更别说遥不可知的将来了。当孩子的日常生活除了学习就是学习，没有任何独立思考和自由探索的时间，此时谈梦想不仅是一种奢侈，更是一种妄想。

没有梦想是可悲的。正如周国平先生所说："由于生存的压力和物质利益的诱惑，大家都把眼光和精力投向外部世界，不再关注自己的内心世界。其结果是灵魂日益萎缩和空虚，只剩下了一个在世界上忙碌不止的躯体。对于一个人来说，没有比这更可悲的事情了。"怎样才能不陷入这种境遇，出路只有一个，就是给予孩子更多的时间，让他们关注自己的内心世界，谋求自我的心灵充实和精神生长，获得对自我的充分认知，进而认识自我，期许自我。

梦想植根于人的心灵深处，是孩子成长最神奇、最强大的发动机。从现在开始，期待每一个孩子都能找到自己的梦想。而每一位教师和家长要做的是，珍惜孩子的梦想，唤起他们的勇气与力量，为他们插上梦想的翅膀。

（载《中国教师报》2013年9月4日）

总编七日谈

减负与作业

减负，不仅仅是中国的事情。

在国内为小学生减负征求意见的同时，最近媒体披露，美国教育部部长邓肯也在采访中表示，中学生要多睡觉、晚上学，这样有助于他们更好地在课堂上获取知识。他建议全美各地教育机构对此予以考虑。

其实，这与我们的减负观一脉相承。早在上个世纪 60 年代，毛泽东就曾给陆定一写信，提到学生负担太重，影响健康，学了也无用，建议从一切活动总量中，砍掉三分之一。

愿望是美好的，但事实是，如果真的减时间、减难度，就能实现初衷吗？未必如此。此次教育部就小学生减负征求意见，从阳光入学到均衡编班，都有 90% 以上的高支持率，但唯独在"减少作业"方面，公众支持率仅为 69.1%，有的认为应该具体规定每门学科的作业量，有的认为应该布置少量作业。由此可见，一刀切地"不布置作业"，给家长带来了多大的恐慌。

这种恐慌的源头，还是评价制度在作祟。在很多家长看来，似乎少布置一点作业，孩子的学习效果就会打折扣，由此导致学习成绩下滑，考不上好大学，拿不到好文凭……一份小小的作业寄托的不仅仅是知识，而是孩子的未来。

其实，最该改的还是考试制度、评价制度，如果考试考的还是储存了多少知识，而不是如何运用知识的能力，那么这样的考试和评价是完全失效的。由此回到"作业量"的多少问题上，其实它的关键不在于布置多少作业，而在于布置什么样的作业。如果一份作业能够调动起学生的好奇心、思考力、探究力，能够让学生投入百倍热情，毫无疑问，这份作业是有效的，在学生而言根本构不成负担。反之，即便是半个小时的作业，如果只是重复的抄写、机械的背诵，让学生丧失学习的兴趣，那么就是负担，应该坚决减去。

别忘了，现在是什么样的时代，随着更多免费网络教程的开放，更多的人通过一部联网电脑和一个摄像头，就能与全世界的人们一起学习，学习到优质的课程。在这种情况下，如果我们还在传统的灌输式的道路上前行，还在为学生增负加压，还在为学生灌输知识，输掉的不仅是孩子的未来，更是国家的未来、民族的未来。

（载《中国教师报》2013 年 9 月 25 日）

<u>总编七日谈</u>
校长专业化　需要培训专业化

随着教师专业化越来越受到重视，校长专业化的重要性也为更多人所关注。

一所学校的办学质量、办学特色、办学文化的彰显以及所有的教育教学行为的外显效果，很大程度上取决于校长的专业素养和专业能力。但校长的角色定位长期以来却一直处于模糊不清的状态。校长应该管什么，不管什么，校长如何选拔，如何产生……这样的问题在 100 个地方，会有 100 种答案。

正是基于此，前不久，教育部颁布了《义务教育学校校长专业标准》，为制定义务教育学校校长任职资格标准、培训课程标准、考核评价标准提供了依据，为校长走上专业化发展道路提供了路线图和风向标。

但如何把标准真正内化于心、外化于行，还需要通过专业化的培训，来实现校长的专业化。校长是一所学校的管理者、掌舵者、设计者，还是一个教育者、经营者、服务者，其角色的多样性和复杂性更需要精细切实的培训。这也正是教育部为什么就校长培训专门出台意见的原因所在。

校长培训不同于一般的教师培训，不同于一般的知识和技能的教学培训，更不同于医疗等其他行业培训，它是以提高校长素质和能力，改进学校教育和管理工作，引领学校可持续发展为目标的支持性服务，更应该体现出一种专业性。

这种专业性体现在，首先校长培训必须以校长专业标准的培训目标、课程标准等为依据；二是培训机构要专业，必须具有相应资质；三是培训队伍要专业，应该是一支经过严格教育和训练、以培训为专长、素质优良、相对稳定的专业化队伍；四是培训内容要专业，这一点尤为关键。传统的校长培训局限于知识和技能的培训，没有根据校长的所在区域、任职年限、发展层次进行分步骤、按阶段、有针对性的培训，比如针对农村校长应该提供什么样的培训……针对任职10年以上的校长提供什么样的培训，在新课程改革背景下又该提供什么样的培训等，而专业化的校长培训内容应该在充分了解校长需求的基础上，针对不同层次、类别、岗位校长的需求，围绕校长在规划学校发展、营造育人文化、领导课程教学、引领教师成长、优化内部管理和调适外部环境等方面的专业素质要求，进一步丰富优化培训内容。

好校长不是天生而成的，而是在专业化的培训中诞生的，这是校长培训改革与发展的时代要求，也是校长发展性培训的必然趋势和应然选择。

（载《中国教师报》2013年10月9日）

总编七日谈

减负，为教育松绑

减负，一个难题。

但这个难题，不是没有答案。

近日，教育部对各地规范办学行为情况进行了检查，然后公布了一份独特的督查通报——一些省份的学校因存在违规行为被点名批评。

减负，各地的行动很重要，但督查通报的公布，更让我们看到了国家在减负方面所下的决心。只有让那些违规考试、违规补课、违规分班、任意加大作业量的学校曝光在众目睽睽之下，上了减负的黑榜，才能警示更多的后来者，才能让更多的学校走上良性发展之路，才能让减负不仅仅是一句口号。

减负，多年来为什么减不下去，我想，一个非常重要的原因莫过于考试评价的瓶颈无法突破。学校为升学率所绑架，学生为分数所绑架，家长为学区房所绑架，无怪乎有人把当下的教育比作是一辆无坚不摧的战车，学校、学生、家长，乃至学区房、学校周边的交通，在教育面前统统没脾气。教育行政领导害怕升学率下降，稍有风吹草动就要给全县人民道歉；学校害怕砸了招牌不得已"泪水+汗水"，逼着学生往死里学；学生害怕考不上好分数，只好夜以继日地苦读；家长害怕孩子输在起跑线上，从幼儿园就开始一路择园择校，报各种各样的辅导班；于是乎，每逢中考、高考，全社会一片肃杀之气，一切为考试让路。教育的影响力无远弗届，甚至影响到了交通、房价等。

当然，也有校长吐苦水说，不是我不想搞素质教育，但别人都在"应试"，都在用各种各样的苦学换取分数，怎么能"放松"？我想，这种情况就像一些家长，在最初阶段能顶着各种压力给孩子玩耍的空间，但一到中学阶段，却纷纷丢盔弃甲，溃不成军。还是因为评价。

而在此时，更需要一种坚持与智慧。是不是用时间和汗水换取的分数就是优质的？是不是用牺牲孩子健康换来的前途就是光明的？尤其在减负的大环境下，一些相信所谓"分数至上"的官员、校长，是不是应该重新审视，教育的目的是什么，教育的原点是什么，教育的归宿又是什么？

值得庆幸的是，随着减负督查力度的加大，这样"以分数为本"的学校和地区将会曝光，并被追究相关负责人的责任。我想，这种评价比起那种"分数至上"的评价，无疑更为全面和绿色，它将引导更多的学校不趋同，不随大流，而是踏踏实实，规范办学，从而为教育松绑。

（载《中国教师报》2013 年 10 月 23 日）

总编七日谈

全民教育与精英教育

2013年10月24日,第八届全民教育工作会议的召开,标志着中国教育步入一个全民学习的新时代。

其实,一直以来,关于教育都有"全民教育"和"精英教育"的争论。

所谓全民教育,就是让教育不再是少数精英人物或特权阶层所享受的一种权利,而应该是社会大众都能享受的一种权利。尤其是上个世纪90年代以后,各国教育改革的指导思想都从传统的精英主义转变为全民教育的理念,教育公平和教育均衡成为各国教育改革的重要主题。

2000年联合国教科文组织通过了《达喀尔行动纲领》,再次重申全民教育的目的是:所有的儿童、青年和成人均享有接受教育的人权,这种教育应能真正地和充分地满足他们的基本学习需求并应包括学会认知、学会做事、学会共同生活和学会生存。全民教育的理念已经成为一种时代的声音和全球的共识。

尽管有了这种共识和追求,但并不意味着全民教育的理念已经深入到教育领域的各个层面。在一些地方官员、学校校长、教师的心中,精英教育依然是他们根深蒂固的教育追求,注重分数、追求名校升学率、只看"一本"上线人数……在他们看来,这才是教育的终极价值和目的，这才是符合社会主流和家长需要的最佳路径。

于是，"不能输在起跑线上"的教育论调大行其道，打着"精英"旗号的各种教育辅导班红火不已，各种明里暗里的"火箭班"、"培优班"成为教育市场里的新型风向标，经过一整套层层选拔的严格挑选程序，最终只有少数学生能够"脱颖而出"，成为万里挑一的胜出者。

这种精英教育模式我们并不陌生，事实上，千百年来，我们都是这样做的，在集权统治之下，民间人士只有通过学而优则仕的方式，通过层层选拔的科举考试进入上层社会，成为精英阶层。

但这种模式显然与今天的社会发展不相符，人们已经认识到国家的强弱、民族的前途和人类的命运，并不仅仅取决于少数精英及其所掌握的尖端知识，而是取决于全民的知识水平和综合素质。教育权不是少数人享有的权利，而是一项基本人权。

从这个意义上说，教育正面临一个历史性的转折点：教育要从精英主义转向大众主义，教育公平和教育均衡是一个国家、一个地区必须要承担起来的责任。

（载《中国教师报》2013年10月30日）

总编七日谈

教师资格进入"国考"时代

　　一场大考，考的不仅仅是上海、浙江、安徽、山东等8个试点省市教师的资格，还有整个教师群体的未来成长趋向和发展脉络。

　　11月初，2013年下半年全国中小学教师资格考试举行，与往年不同，这场由国家统一组织的考试，拉开了教师资格"国考"的大幕。

　　从笔试到"笔试+面试"，将面试（教育教学能力测试）纳入到考试环节；从纸笔方式到纸笔和机考并用；师范毕业的学生不再直接认定教师资格，想当老师也得参加考试……这是教师资格考试从"省考"升级到"国考"的种种新变化。当然，除了这些形式上的变化，还有考试题型的变化、考试内容的变化，比如，此前教师资格考试的内容多为教育方法概论、教育学概论和心理学概论，现在的考试则更多关注教师综合素质、教师职业道德规范和不同学科的专业考核。

　　毫无疑问，升级后的大考无论是在命题上，还是在结构上，都更强化实践导向和能力第一，既注重综合素质，又突出学科知识和教学能力的考查。

　　这也正是教师资格考试从"省考"升级为"国考"最重要的缘由。好教师不是单靠背各种教育理论就能成长起来的，只有良好师德与教学能力兼具，具备综合素质与宽阔视野的身心健康的人，才能跨入教师门槛。

　　优秀教师不是"考"出来的，但只有有了教师资格证，才能成为一名教师，进而成为一名优秀教师。通过教师资格考试是成为教师的前提条件、重要条件。曾经，我们却对这个"入场仪式"没有给予足够的重视。师范类毕业生无需考试，毕业了就能直接认定教师资格，非师范类毕业生也只是简单地测一下教育理论和普通话水平，而且考试形式单一、内容简单，针对性不强。而今天，时代的发展、社会的进步要求教师门槛必须提高，通过知识技能考试与教学能力考核等多重手段相结合的测试，以确保教师整体素质与水平的提升。

　　1825年，美国俄亥俄州最先对教师进行考核，由此，教师资格制度成为世界上许多国家和地区都采用的教育质量保障制度之一。今天，我们要做的是，让这项制度更具标准化、更有好效果。

（载《中国教师报》2013年11月6日）

总编七日谈
改革先改观念

教育，是民生之本，亦是强国之基。如何让这个"根本"与"基础"的作用发挥得更充分、更有效，答案只有两个字——"改革"，这也正是十八届三中全会提出深化教育领域综合改革的原因。

不可否认，今天的中国教育面临着很多前所未有的新情况、新问题、新矛盾，许多问题没有现成答案，需要在实践中探索。当教育改革进入深水区、关键期，仅靠原来的单项改革或局部突破已难以奏效。更何况，教育热点问题往往涉及多个部门职责，涉及多种政策配套，涉及多方利益调整，单靠教育一家远远不够。所以面对新的形势、新的问题，必须深化和推进教育领域综合改革。

如何推进教育综合改革，我觉得最重要的一点莫过于，冲破思想观念束缚，突破利益固化藩篱，只有这样，才能把教育改革不断引向深入。但教育观念的变革谈何容易，正如一位学者所说，观念变革就是心灵变化史，进步的观念就是人类之光，照亮人们周围的昏暗。但遗憾的是，我国教育面临的问题就是，教育观念相对滞后。因为观念滞后，导致任何一项改革措施出台之时，都会伴随着各种各样的议论，引起众声喧哗。甚至有些教育改革措施，因为舆论的绑架和裹挟，中途夭折乃至停止。因此，教育改革"走回头路"的情况特别常见。

教育是一项慢的工程，现有的改革效果往往在十年乃至百年后才能见到效果，因而必须慎重。什么样的改革是尊重了教育规律的改革，什么样的改革是最符合群众利益的改革，什么样的改革是"真改革"……这些问题困扰着很多人。但是不能因此而裹足不前，躺在功劳簿上睡觉。我想，问题不应该成为不改革的理由，相反，更应该成为改革的动力。正是因为抱着对人民和国家负责的态度，抱着为民族担大任的使命，教育改革必须进行，教育观念必须转变。

改革意味着冲破旧有的藩篱，打碎旧有的格局与全新教育观的诞生。一时代有一时代之教育观。只有更多的区域、学校、教师从自身实际出发，转变教育观念，勇于革自己的命，进行大胆探索和试验，改革才能真正取得实效。

转变观念，就是迈出改革第一步。

（载《中国教师报》2013年11月20日）

总编七日谈

打响农村教育攻坚战

发展农村教育是农村工作的重点,也是我国教育发展的战略选择。尤其是在十八届三中全会提出深化教育领域综合改革的背景下,重提农村教育综合改革,不仅非常必要,而且迫在眉睫。

早在上个世纪末,国家就已经提出了必须进行农村教育综合改革,改革坚持的原则就是农村教育必须始终坚持为农业、农村和农民服务的办学方向。

这句话到今天依然不过时。把农村教育办成什么样,是"城市教育"的翻版,还是带有泥土气息的"农村教育",不仅考验着当地官员的观念,也考验着他们的智慧。

但遗憾的是,因为各种原因,因为农村教育长期处于教育链条中最薄弱、最落后的一环,就成了"被扶持"、"被救助"的对象。

为此,在很多区域教育主政者看来,农村教育就是落后、贫瘠的代名词,很难从这片土地上看到什么闪光点,它要做的就是亦步亦趋地跟在城市教育后面,像它那样建立起漂亮的教学楼、安上多媒体教学设备……以其为模范和样板,进行学习和借鉴乃至照搬。

这样做对吗?不能说不对,但全盘照搬和复制的后果是,农村教育成了不伦不类的"四不像",远离农村的农村教育又怎么坚持为农业、农村和农民服务的办学方向,又如何培养适合当地建设的人才?由此引发的问题也是一系列的。比如很多学校离开农村后,农村成为"文化孤岛",农村学校培养出的学生不愿意回到农村,等等。

改革,需要底部攻坚。而农村教育就是教育的底部,打响了农村教育攻坚战,就等于成功了一半。而现在要做的是,把农村教育还给农村,还给学生,还给家长,还给社区,真正办出有农村特点、有农村味道的农村教育。

当然,这其中最关键的是,为农村教育培养出适合当地需要的教师,真正为农村教育输血。从师范院校的角度,要深入研究农村教育新特点,改革课程教学,主动适应农村教育改革形势;从教育主管部门的角度,要开展各类"接地气"的培训,提高农村教育管理水平和教师的素质。

欣喜的是,这样的措施已经在出台,这样的行动已经在实施。

(载《中国教师报》2013 年 11 月 27 日)

总编七日谈

"师严"然后道尊

有关道德的话题总是引人瞩目，尤其是与教师有关的道德话题，更是社会各界关注的热点。因此，近日《中小学教师违反职业道德行为处理办法（征求意见稿）》（以下简称《办法》）一经公布，立即引起了各方的热议。

不可否认，几千年来，无数崇高的师者以自己朴素的言行建立起了让人仰望的师道尊严。但在今天的市场经济大潮之下，急功近利、浮躁丛生，曾经的师道尊严似乎也随之褪色贬值。

教师，本来应该是安安静静办教育的群体，却屡屡被置于社会批评的风口浪尖。师德，一个本不该成为热点的话题，却每每成为大众街谈巷议的焦点。这是社会的悲哀，还是教育的悲哀？重新寻找师道尊严，需要的不仅仅是口头的呼吁和宣讲，更是一连串的制度与规范。

而此次《办法》的出台，就是重拳出击，真正把违反师德的底线行为一一划出，把师德形而上的理念变为具体的、可以评判和界定的依据。其实，类似的做法和措施，各地不是没有出台过，但从国家的层面和角度，非常有必要加以统一规定，专门针对"违反师德行为"予以条分缕析的说明。

当然，在一些人看来，《办法》的出台似乎是为教师戴上了枷锁，

11种行为全是禁止性描述，但仔细研究，会发现这11种行为都是当前社会关注度很高、人们普遍痛恨的败德行为，已经严重影响到了教师队伍的整体形象，因而必须从严处理。从这个意义上说，这不仅仅是一种规范，更是一种保护，只有杜绝了极少数教师的严重失德行为，才能维护整个教师群体的师道尊严。

《礼记·学记》是这样说的："凡学之道，严师为难。师严然后道尊，道尊然后民知敬学。"此处的"严"字，本作"尊敬"解，即为学之道，尊敬教师最难，只有教师受到尊敬，学问才会受到敬重，由此民众才会敬重学问。但在今天，我想这个"严"字更可做"严格"、"严厉"解。对教师来说，每一个教师都应该严格要求自我，正其行，严其身，从自己做起，从基本做起，不违反底线，只有这样，才能成为合格的教师，进而成为优秀教师、卓越教师。而对教育行政管理部门来说，要严格执行国家的各种政策，不遗余力地保障教师的合法权益，为教师依法从教创设自由、温暖的环境。这才是《办法》出台的最终目的。

不要忘记，在今天的中国，让师德重新绽放光芒，让师道重新寻回尊严，已经不仅仅是教育问题，更是社会问题。教师不仅是学术的导师，更是人格的典范。期待不久的将来，有更多的"师"是"德"的拥有者，是"道"的化身。

（载《中国教师报》2013年12月4日）

总编七日谈
评价的瓶颈必须突破

教育综合改革难在哪里？难在评价。众所周知，考试招生制度改革具有重要的导向作用，是教育综合改革的关键环节、难点环节。

多年来的实践已经证明，只要一提起教育改革，公众首先想到的就是考试招生制度改革，从高考到中考，这个指挥棒已经成为所有教育人头上的紧箍咒。2001年启动的新课改为什么在一些地区难以深入推进，原因也在于此。

在这样的情形下，不管文件和政策如何强调把"全面实施素质教育，促进学生的全面发展"作为当前教育改革与发展的重要目标，现实中依然是"考考考，老师的法宝；分分分，学生的命根"，都在反复强调和放大考试和分数的作用。

于是，考试和分数成了万恶之源。在如今的教育界，出现了两种极端情况，一种是"一切为了分数"，一种则是"完全去掉分数"。前者自不必言，就是我们一直反对和摒弃的"应试教育"倾向；后者在相当多的场合赢得了呼应与好评，在支持者看来，素质教育就不应该有"考试"、"分数"，只有"去考试"、"去分数"，教育才会健康发展。

问题出在哪里？"应试教育"的板子应该打在考试和分数上吗？当然不是。归根结底，问题不是出在考试身上，而是人们把考试当作教育评价的唯一手段，把分数当作衡量学生的唯一标准。教育质量评价本应该是意义多元、内涵丰富的命题，但在多年来的具体实践中愈来愈窄化，愈来愈简单化，愈来愈单薄。时至今日，已经有更多的人认识到这个问题，认识到不能用单一分数来衡量学生，不能单纯以升学率评价教育质量。那么什么是科学的、合理的教育质量评价，如何架构起一个兼顾公平和效率的教育质量评价框架，如何建立以学生发展为核心、科学多元的教育质量评价体系……需要的不仅仅是众声喧哗的议论，还要有严谨细致的科学调研、脚踏实地的实践操作。

最难的关口已经打开，考试招生制度改革已经开始，相信在全新的教育质量评价观之下，我们的教育必然会有全新的姿态和面貌。

（载《中国教师报》2013年12月18日）

图书在版编目（CIP）数据

新教师:让中国教育因你而改变/雷振海著.—济南:山东文艺出版社,2014.4
ISBN 978-7-5329-4271-8

Ⅰ.①新… Ⅱ.①雷… Ⅲ.①中小学—师资培养—文集 Ⅳ.①G635.12-53

中国版本图书馆 CIP 数据核字(2013)第 221962 号

新教师:让中国教育因你而改变
雷振海 著

主管部门	山东出版传媒股份有限公司
出版发行	山东文艺出版社
社　　址	山东省济南市英雄山路 189 号
邮　　编	250002
网　　址	www.sdwypress.com
读者服务	0531-82098776（总编室）
	0531-82098775（发行部）
电子邮箱	sdwy@sdpress.com.cn
印　　刷	山东德州新华印务有限责任公司
开　　本	710 毫米×1000 毫米　1/16
印　　张	15　插页/2
字　　数	160 千字
版　　次	2014 年 4 月第 1 版
印　　次	2016 年 4 月第 3 次印刷
书　　号	ISBN 978-7-5329-4271-8
定　　价	30.00 元

版权专有，侵权必究。如有图书质量问题，请与出版社联系调换。